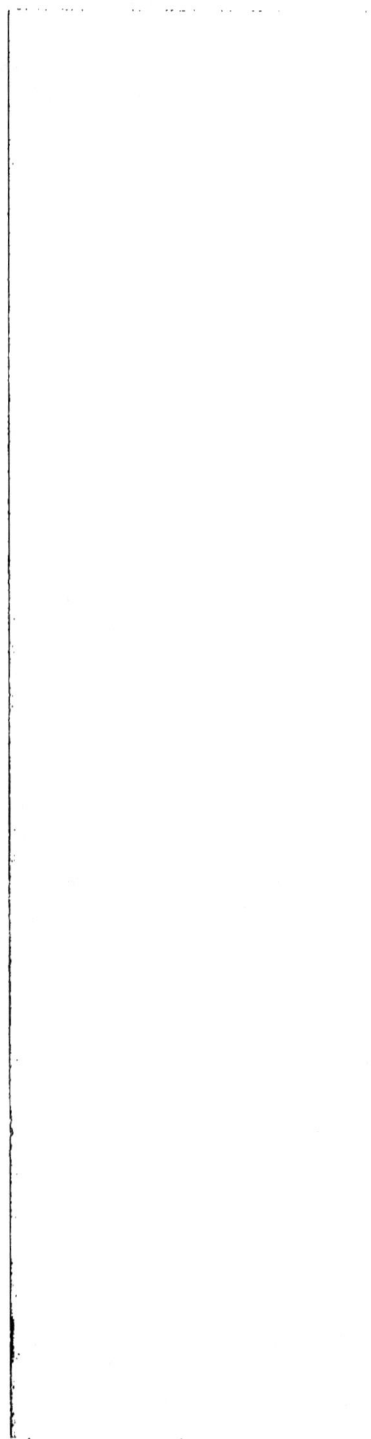

RÉORGANISATION

DU

SYSTÈME DES BANQUES

BANQUE DE FRANCE — BANQUE DE SAVOIE

PARIS
IMPRIMERIE ADMINISTRATIVE DE PAUL DUPONT
RUE DE GRENELLE-SAINT-HONORÉ, 45

1863

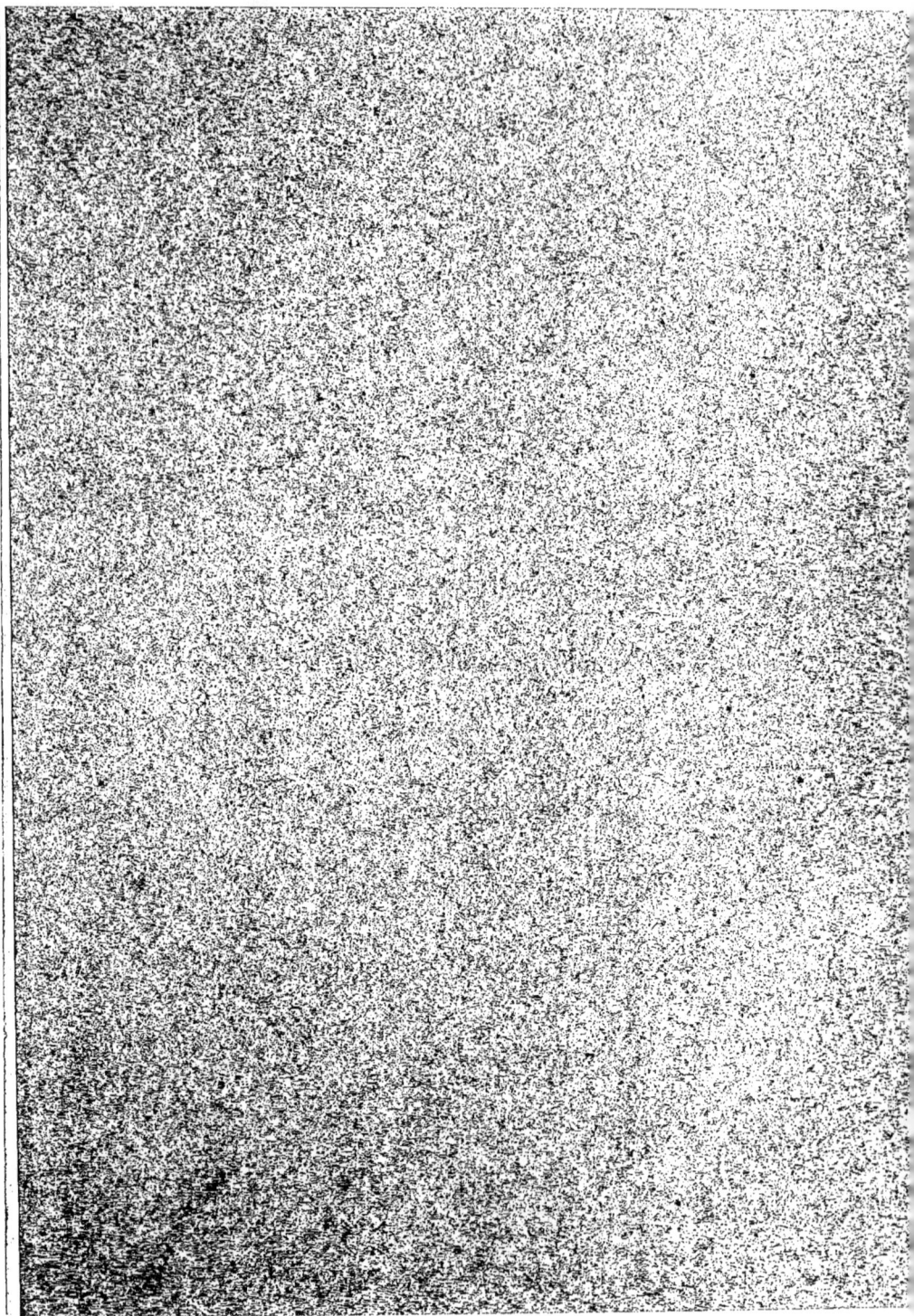

RÉORGANISATION

DU

SYSTÈME DES BANQUES

C.

RÉORGANISATION

DU

SYSTÈME DES BANQUES

BANQUE DE FRANCE — BANQUE DE SAVOIE

PARIS

IMPRIMERIE ADMINISTRATIVE DE PAUL DUPONT
Rue de Grenelle-Saint-Honoré, 45

—

1863

TABLE DES MATIÈRES.

AVANT-PROPOS.

Cet écrit fait ressortir les vices de notre système actuel de crédit et de circulation; il montre combien ce système est éloigné de celui qu'avait définitivement adopté Napoléon 1ᵉʳ, et combien il est urgent, sous ce rapport, de revenir *aux règles et aux principes* du premier Empire.

Les règles et les principes en matière de Banques, dont M. le comte Mollien avait fait comprendre l'importance à Napoléon 1ᵉʳ, et qui formèrent l'objet de la solennelle promesse que l'Empereur fit aux délégués du commerce français en 1810, consistent dans la pluralité des Banques d'émission, la réalisation en espèces de leur capital, et l'obligation de le tenir toujours disponible pour l'accomplissement de leur mission qui est la baisse de l'escompte et la réduction de l'intérêt de l'argent.

Appréciant, à ce point de vue élevé, les services que peut rendre la Banque de Savoie et en même temps l'occasion inattendue qu'offre le nouvel emprunt de réaliser, sans secousse, en dehors du marché de Paris, la totalité des rentes que possède la Banque de France, l'ouvrage fait voir tous les avantages que recueilleraient la nation et le Trésor, si l'Empereur arrêtait immédiatement les deux mesures suivantes :

Laisser la Banque de Savoie exercer librement les droits qu'elle tient du traité d'annexion, et introduire ainsi un élément de progrès dans notre système de circulation et de crédit ;

Porter le chiffre du prochain emprunt, annoncé par le rapport du Ministre des Finances, à 450 millions au lieu de 300, afin de pouvoir comprendre, dans cette émission nouvelle, les rentes que possède la Banque de France, et lui rendre ainsi la disponibilité intégrale de son capital.

Au moyen de ces deux mesures, le marché français n'aurait rien à envier à l'étranger en matière de crédit et de circulation. Il posséderait l'élément progressif dont la concurrence d'un grand nombre de Banques d'émission fait profiter le marché anglais.

En même temps, un exemple, bien difficile à ne pas imiter, serait offert au Gouvernement de la Grande-Bretagne ; car nos voisins ne voudraient pas rester sous le coup de l'infériorité qui résulterait, pour leurs établissements financiers, de la puissance d'action qu'auraient acquise les nôtres sur toutes les places du monde.

Le Gouvernement anglais serait forcément conduit à

rembourser à la Banque d'Angleterre son capital de 350 millions; cette mesure, dont les résultats seraient incalculables, mettrait pour jamais un terme aux nombreuses crises monétaires auxquelles l'industrie et le commerce sont périodiquement en proie dans ce grand pays.

A part les immenses bienfaits matériels qui résulteraient de la réforme de notre système de crédit, et en se plaçant au point de vue de la politique, ne semble-t-il pas que cette initiative intelligente et féconde du Gouvernement français serait la meilleure réponse qui puisse être faite au refus du cabinet de Saint-James d'assister au congrès?

Les hommes d'État de la Grande-Bretagne, par un sentiment de méfiance que la majorité de la nation ne partage pas, refusent encore aujourd'hui, comme ils l'avaient fait au commencement du Consulat, de coopérer avec la France à la pacification de l'Europe.

Eh bien! il dépend de nous de les entraîner amicalement dans cette œuvre, qui sera leur honneur comme le nôtre, en prenant les premiers une décision, source des plus grands bienfaits à introduire dans l'existence et les rapports matériels des peuples, et qui, au point de vue moral, contribuera efficacement, bien que d'une manière indirecte, au triomphe de la politique de conciliation et de désarmement proposée à toutes les cours par Napoléon III.

Les deux mesures, celle relative à la Banque de Savoie et celle relative à la Banque de France, sont liées entre

2

elles ; nécessaires l'une à l'autre, elles forment à proprement parler les deux moitiés d'un même tout.

On a dû prévoir néanmoins qu'elles soulèveraient des objections. La principale, dont nous n'avons rien dit dans le corps de l'ouvrage, et que nous nous sommes réservé de traiter ici, aura certainement trait à l'urgence que nous réclamons dans l'examen d'une opération aussi importante que celle de la réalisation du capital de la Banque par l'élévation du chiffre de l'emprunt à 450 millions.

Mais on sait, et l'Empereur plus que personne, qu'en Finances, comme dans l'art militaire, saisir l'occasion est le grand point. Une bonne combinaison de crédit, c'est une campagne à l'intérieur. Là aussi, les atermoiements peuvent transformer l'inaction ou les demi-mesures en défaites.

Notre histoire financière, d'ailleurs, renferme plus d'un exemple d'opérations d'une bien autre portée et qui furent l'objet d'une décision plus prompte encore.

Nous n'en citerons qu'un, parce que l'anecdote qu'il rappelle mérite d'être conservée, ne fût-ce que par le nouveau jour qu'elle jette sur la puissance de la France même après ses désastres.

Louis XVIII, rentré une seconde fois dans Paris à la suite des armées étrangères, venait d'apprendre quel prix ses alliés mettraient aux services qu'ils lui avaient rendus. L'humiliation, la colère, égalaient sa frayeur. Il croyait la

France aux abois. Le chiffre exigé lui semblait être la ruine du pays et la honte de sa race. Il avait déclaré en plein conseil qu'il préférait retourner en exil, et avait défendu à M. Dambray de lui en reparler.

M. Dambray vint le soir instruire M. de Talleyrand de cette violente sortie.

Il y avait, assis dans le coin de la cheminée, un homme d'apparence modeste, auquel M. Dambray n'avait pas fait attention et qui écoutait tout sans mot dire, dans une disposition d'esprit bien différente de celle des deux interlocuteurs. A ce terrible chiffre de 800 millions qui terrifiait tout le monde, ce personnage ne put retenir un cri de surprise et de satisfaction. « Quoi ! dit-il, ils n'exigent que cela pour s'en aller ? »

M. Dambray se crut en face d'un fou. Ce fou n'était autre que l'un des grands génies financiers des temps modernes, M. Corvetto, président de la section des finances au Conseil d'État, que M. de Talleyrand appréciait comme un esprit judicieux et de grandes ressources. Après quelques mots échangés, M. de Talleyrand comprit que M. de Corvetto concevait un moyen de salut et il engagea M. Dambray à le conduire au plus tôt aux Tuileries. Celui-ci hésitait. « Le Roi, dit-il, m'a défendu de lui reparler de cette affaire. » — « Il ne vous a pas défendu de lui amener quelqu'un qui lui en parlera » répondit M. de Talleyrand.

Le lendemain, Corvetto était reçu par Louis XVIII. Il

restait deux heures enfermé avec lui, dans son cabinet, et au moment où il en sortait, le Roi lui disait : « M. de Corvetto, vous êtes maître dans le Conseil! Exécutez votre plan, et, si vous rencontrez des obstacles, venez à moi pour les briser. »

Comment Corvetto était-il parvenu en deux heures à calmer les terreurs de Louis XVIII et à gagner sa confiance? Le voici :

D'abord il lui avait prouvé que l'Empire, même après ses derniers désastres, laissait le pays dans un état d'abondance de capitaux et non d'épuisement. De 1800 à 1812, la guerre avait payé les frais de la guerre et fait entrer en France près d'un milliard de subsides en espèces. Depuis quinze ans l'impulsion la plus vive avait été donnée aux travaux publics ; des encouragements de toutes espèces, la réduction du taux de l'intérêt par la création de la Banque de France, le morcellement du sol par la vente des biens nationaux, avaient accru dans une proportion énorme la production industrielle et agricole. Sans doute sous l'impulsion de l'horrible crise que traversait le pays, les commandes s'arrêtaient, l'argent se cachait ; mais la vraie richesse, les capitaux existants n'étaient diminués que de la consommation de chaque jour, et cette perte serait immédiatement remplacée par un profit, dès que le travail reprendrait.

Corvetto insistait sur ces deux points :

L'Empire avait accumulé en France une masse de nu-

méraire considérable par suite des subsides, du système de
douanes et du blocus continental ; et l'Empire n'avait pas
fait une seule fois appel au crédit public.

Corvetto proposait d'y recourir et de payer les 800 millions
de subsides avec le produit d'une série d'emprunts. L'opération, disait-il à Louis XVIII, offrira aux capitaux et au
numéraire, actuellement sans emploi, un moyen de placement; elle assurera le repos et la prospérité du pays par le
sacrifice le moins onéreux.

Ce plan fut mis à exécution avec une modestie habile.
Corvetto ne pouvait réussir qu'avec l'appui des chambres
et de l'opinion. Il réserva tout l'honneur de l'idée à Jacques Laffitte, et par là il en assura le succès. Les résultats
qu'avait prédits son auteur ne se firent pas attendre.

Les titres des emprunts, négociés sur la place de Paris,
donnèrent lieu à une exportation de numéraire ; l'ordre et
la confiance reparurent, le travail reprit et les capitaux se
multiplièrent. La première adjudication avait eu lieu à
55 francs; les suivantes se firent à 64 francs, à 66 fr. 50,
enfin à 67 francs. Une activité nouvelle fut imprimée aux
affaires. L'accroissement de nos exportations fit bientôt
rentrer le numéraire exporté, et l'augmentation du produit
des impôts dépassa de beaucoup les charges annuelles résultant des semestres des nouveaux fonds publics.

Huit ans après, la rente 5 p. 0/0 était au-dessus du pair
et l'abondance des capitaux permettait à M. de Villèle de

faire face aux dépenses de la guerre d'Espagne, de la conversion partielle du 5 p 0/0 et du milliard de l'indemnité.

Toutes ces choses eurent lieu à la suite d'une conversation de deux heures, et parce que la grandeur des ressources de la France impériale fut expliquée à Louis XVIII et comprise par lui.

Les circonstances où nous nous trouvons sont d'un caractère bien différent. Il ne s'agit pas de détruire dans l'esprit du chef du pouvoir un préjugé funeste. Ses idées sont faites, et son opinion sur les ressources et les lois du crédit est depuis longtemps fixée.

La base de l'édifice à construire repose dans le sol. Son plan n'est autre chose qu'un retour à notre système national de Banques, tel que Napoléon Ier l'a conçu et pratiqué, tel qu'il a fonctionné en France, jusqu'à ce que la Révolution de février ait fait disparaître les Banques départementales et centralisé de fait l'émission de la circulation fiduciaire dans une seule Banque, pour le besoin et dans le seul intérêt du *cours forcé*.

Nous sommes loin de cette époque de trouble et d'expédients.

Un Souverain dont le caractère a été trempé dans l'exil, qui a longtemps subi les épreuves de l'égalité sociale et dont de fortes études ont mûri la sagesse est placé dans une position exceptionnelle. Qui, mieux que lui, pourra rendre le

calme à notre société si profondément troublée et tracer le
sillon où doivent s'affermir de plus en plus, pour le bonheur
des générations futures, la prospérité nationale et la stabilité des institutions?

Cette réédification universelle, c'est l'œuvre que poursuit
Napoléon III.

Elle resterait incomplète et vulnérable en l'absence d'un
bon système de Banques.

RÉORGANISATION

DU

SYSTÈME DES BANQUES

I

La Banque de France et la Banque de Savoie.
Véritable intérêt de la situation.

Les plus hautes questions économiques se rattachent au conflit élevé entre la Banque de France et la Banque de Savoie, et jamais peut-être occasion plus favorable ne se présentera d'éclairer l'opinion, de détruire des erreurs et des préjugés funestes, de propager les vrais principes en matière de crédit et de circulation.

Mais les droits dont la Banque de France est investie

3

n'opposent-ils pas à toute tentative de progrès un obstacle insurmontable? En face d'un privilége, renouvelé il y a six ans et dont la durée s'étend jusqu'en 1897, notre système d'institution de crédit des Banques peut-il être l'objet d'une importante transformation? Nous n'hésitons pas à le croire.

Ce qui nous donne cette confiance, c'est la manière même dont le Gouvernement a procédé à l'égard du Crédit foncier et des chemins de fer. Chaque fois qu'une amélioration évidente a été signalée, toute considération a cédé devant l'intérêt public.

Ce qu'on a fait pour les chemins de fer et le Crédit foncier se fera également pour les institutions de crédit, et la longueur même du privilége de la Banque deviendra un argument favorable à un remaniement immédiat, du moment qu'il sera démontré que le mécanisme de cet établissement et les conditions suivant lesquelles il exerce son monopole portent un grave préjudice au crédit de l'Etat et aux intérêts du grand nombre.

S'il est prouvé que l'organisation actuelle de la Banque ne suffit plus aujourd'hui aux besoins du travail national, que sera-ce dans dix, vingt, trente ans? On ne saurait donc trop tôt porter remède à une situation qui ne peut que s'aggraver en se prolongeant. La Banque de France est maîtresse pour trente-quatre années encore de la distribution du crédit et de l'émission de la monnaie fiduciaire ; elle peut porter l'escompte à des taux exorbitants et enrichir ses actionnaires au milieu du malaise général ; le Gouvernement, qui pouvait se croire désarmé en face de son monopole, doit saisir avec la plus vive satisfaction le moyen qu'on lui offre de remédier à cette situation et accomplir un progrès capital, au double point de vue de la satisfaction des vœux populaires et de l'affermissement de l'ordre social.

Ajoutons que la situation politique au milieu de laquelle la discussion se poursuit, donne un caractère particulier d'opportunité à la recherche des moyens d'accroître les forces productives de la France,

Pour arriver à ce résultat, il suffit d'éclairer le pouvoir, de lui montrer que les véritables intérêts de la politique et des affaires exigent l'application immédiate des principes économiques adoptés par la Banque de Savoie.

Mais l'hypothèse d'après laquelle, en dehors des droits de la Banque de Savoie, droits garantis par la foi des traités, la Banque de France aurait un privilége absolu et exclusif pour l'émission des billets, cette hypothèse est caduque. Elle tombe devant le texte des lois et décrets qui régissent la matière. C'est ce que nous éclaircirons dans le cours de cet écrit.

De nouvelles complications, on peut l'espérer aujourd'hui, n'augmenteront pas les sacrifices que nous imposent les expéditions du Mexique, de la Cochinchine, de la Chine et du Japon, et la France pourra consacrer ses efforts au développement des améliorations sociales qu'elle poursuit, avec prédilection et vigueur, depuis l'avène-

ment de Napoléon III. Mais, pour que la France se tienne
à la hauteur de la politique inaugurée par le Souverain,
il est urgent qu'elle puisse mettre en valeur toutes ses
ressources. Or, c'est principalement par le perfectionnement de ses établissements financiers qu'elle peut désormais accroître ses forces productives.

Les exigences de la grande politique des améliorations
populaires s'unissent donc aux intérêts industriels pour
réclamer un examen approfondi de la question. Par
l'importance des problèmes généraux qu'elle embrasse,
par le concours des circonstances au milieu desquelles la
discussion se produit, et qui en favorisent la solution, cette
étude a un caractère tout particulier d'opportunité, et l'on
peut espérer qu'elle obtiendra, de la part du pouvoir et du
public, l'attention qu'elle mérite.

II

Vues générales. — Les deux Banques se complètent.

Depuis quinze ans, bien des crises ont troublé le marché. On a souvent accusé la Banque de France de les avoir provoquées ou prolongées par l'effet même des mesures qu'elle adoptait, dans la bonne intention d'y porter remède.

Ces reproches étaient fondés.

Ils ne sauraient sans doute s'adresser aux administrateurs. Leur honorabilité, leur position, les placent au-dessus d'une semblable critique ; mais, si l'établissement a fait fausse route, c'est parce qu'il a réglé la marche de ses opérations sur des principes erronés, qui se sont fortifiés et perpétués, on peut le dire, par l'absence de toute concurrence.

Il suffit de remonter à l'origine de la Banque et de se rendre compte des circonstances qui ont présidé à sa création, de la manière dont elle a été constituée, modifiée et définitivement établie, pour comprendre combien elle a dévié de la ligne tracée par ses statuts et indiquée par la volonté de son fondateur.

Cependant les perturbations du marché n'ont pas toutes pour cause la mauvaise organisation de la Banque ou sa manière d'opérer.

Elles viennent aussi de sa nature spéciale. Elles survivront à tous les perfectionnements. Il est nécessaire, sans doute, de réformer l'institution ; mais il faut reconnaître en même temps que de nouveaux besoins se sont fait jour, que la Banque ne peut les satisfaire, et qu'une seconde création est aussi indispensable pour répondre aux progrès en voie de s'accomplir dans la société moderne, que la création de la Banque l'a été, il y a un demi-siècle, pour répondre aux besoins de la société à l'époque du Consulat.

La Banque de France ne peut escompter que des effets à trois signatures.

Une répugnance instinctive, justifiée par la nature même de ses opérations, ne lui permet de donner une pleine carrière qu'à la circulation des billets de 1,000 et de 500 francs.

Son organisation, la composition de son personnel, les traditions sur lesquelles repose sa confiance dans sa propre solvabilité, tout tend à circonscrire son action dans une région relativement privilégiée.

Si on imposait aujourd'hui à la Banque d'autres principes, une autre nature d'opérations, il est vraisemblable qu'on compromettrait son œuvre, sans profit pour celle qui reste à accomplir.

Pour élever le crédit et la circulation au niveau du mouvement d'affaires suscité par le second Empire, au niveau des
ressources et de l'ambition légitime de la démocratie, il faut,
à côté de la Banque de France, un établissement de Crédit
animé du sentiment du progrès, une seconde Banque nationale reposant sur des bases populaires, qui développe les
petites coupures, comme la Banque a développé les
billets de 500 et de 1,000 francs, qui reçoive à l'escompte
le papier à deux signatures ou facilite sa négociation,
et qui, abaissant le taux de l'intérêt, aide la Banque de
France à rentrer elle-même dans cette voie, en faisant
cesser pour jamais ses embarras d'argent par la mise en
valeur du numéraire possédé par la moyenne bourgeoisie
et les masses populaires, et que la Banque n'a aucun moyen
d'attirer dans ses caisses.

La Banque de France, fût-elle sincèrement revenue au
principe de son institution, fût-elle remise en pleine possession de son capital social qui est frappé d'immobilisation,
n'en serait pas moins encore dans l'impossibilité de répondre à tous les besoins de l'immense développement d'affaires que ces dernières années ont amené.

Cette insuffisance de la Banque n'était pas sensible jusqu'à la Révolution de 1848. Neuf Banques départementales émettaient concurremment avec elle la monnaie fiduciaire; et cependant le travail et la production étaient
alors bien moindres qu'aujourd'hui; les masses n'étaient
pas entrées en scène.

Mais voici que l'activité agricole, manufacturière et commerciale, a pris un essor jusqu'alors inconnu, et que l'avancement des principes politiques et sociaux nous place dans une situation telle que la société ne peut plus se gouverner sans l'intervention des masses populaires.

Et du sein des masses populaires éclatent des aspirations trop souvent erronées quant aux moyens de réalisation, mais qui expriment avec puissance des besoins réels et légitimes.

C'est une faible minorité qui se passionne pour les théories socialistes. Les masses travaillent, épargnent. Des millions de familles parviennent à posséder de petits capitaux, dont l'importance se manifeste dans les emprunts nationaux.

Le progrès à réaliser aujourd'hui, en matière de circulation et de crédit, consiste à utiliser, au profit des populations, le numéraire qu'elles possèdent. Elles le livrent déjà contre des titres de rentes, des obligations productives d'intérêt ; il s'agit de le leur faire livrer aussi contre des billets de Banque appropriés à leurs besoins, comme les banquiers et les commerçants de Paris ont livré leurs encaisses à la Banque de France.

Créer cette nouvelle circulation fiduciaire et appliquer les ressources qu'elle offrira, aux travaux publics et aux transactions privées intéressant particulièrement les populations des villes et des campagnes, voilà ce que la Banque de France ne saurait faire.

Mais ce que ne peut faire la Banque de France, la Banque de Savoie peut l'entreprendre, avec la certitude du succès, et nous allons le prouver.

Occupons-nous d'abord de la Banque de France.

————

III

Dans quel but et par qui a été fondée la Banque de France?

Une portion considérable du public, il faut le reconnaître, est très-éloignée de se rendre un compte exact de ce qu'est la Banque et de ce qu'elle devrait être. Les errements qu'elle suit, le ton de ses comptes rendus, les dispositions qu'elle laisse entrevoir parfois dans ses rapports avec l'Etat, ne donnent nullement l'idée de l'objet pour lequel elle a été fondée, et des circonstances qui présidèrent à son établissement.

A voir les profits exceptionnels que recueillent régulièrement chaque année ses actionnaires et la tolérance universelle qui entoure la perpétuité de cette redevance servie par l'intérêt public à l'intérêt de ceux-ci, il semblerait que les souscripteurs primitifs de la Banque ont traversé au début de rudes épreuves, et que les bénéfices qu'on leur conserve et que l'on accroît même à chaque renouvellement du privilége sont comme une compensation légitime d'efforts et de risques antérieurs.

Il n'en est rien.

Avant le 18 brumaire, un prospectus avait circulé dans le monde des affaires à l'effet de reconstituer la *Caisse des comptes courants*.

Le projet n'avait pas abouti.

L'idée fut reprise par le Premier Consul, qui, sur le conseil de Gaudin, la féconda dans l'intérêt du commerce et dans celui des finances.

La France, dans le triste état où la trouvait Bonaparte, n'avait qu'une ressource, son revenu, composé, aux trois quarts, du produit de l'impôt foncier; mais la confection des rôles, livrée aux administrations électives de canton, en paralysait le recouvrement. Le Trésor ne pouvait émettre d'autre papier que des *bons d'arrérages*, des *bons de réqusition*, des *délégations*, sans valeur appréciable.

Le Crédit n'existait ni pour l'Etat, ni pour le public. Deux ou trois caisses d'escompte ou hypothécaires, réduites à des ressources minimes, émettaient concurremment des billets à vue, dont la circulation restreinte n'offrait aucune garantie et ne pouvait suppléer les espèces presque entièrement disparues.

Voici le plan qu'exécuta Gaudin :

La confection des rôles fut retirée aux municipalités et confiée à un personnel d'agents du pouvoir central. Des cautionnements en numéraire furent exigés des receveurs généraux, qui souscrivirent à l'avance des *obligations* pour

le montant des impositions de toute l'année. Une caisse d'a-
mortissement, dotée d'une partie du fonds des cautionnements, fut chargée de viser ces obligations, que le Trésor
endossait; LA BANQUE DE FRANCE devait contribuer à les
rendre liquides par l'escompte.

La *Banque de France* n'a pas été fondée et elle n'a pas
fonctionné au début avec les fonds de capitalistes et de banquiers. Sur son capital de trente millions, les Perregaux,
les Périer, les Robillard, etc., qui étaient les principaux
banquiers de l'époque, n'étaient parvenus à réunir que
quelques centaines de mille francs, lorsqu'un arrêté des
Consuls du 28 nivôse an VIII, décida que 10 millions
500,000 francs d'espèces, provenant des cautionnements
des receveurs généraux, seraient versés, moitié en actions,
moitié en compte courant, à la Banque de France (1).

En réalité la Banque se constituait : avec un seul actionnaire, l'État, possesseur de 5,000 actions versées en espèces;
avec un seul client, l'État, qui avait versé au crédit de son
compte courant 5 millions également en espèces. Elle com-
mença à opérer avec ces premiers fonds, auxquels les souscriptions individuelles d'actions n'ajoutèrent, dans le cours de la
première année, que la somme de onze cent mille francs.
Le *Compte rendu des opérations de l'an IX* le constate et
donne la liste des souscripteurs. On y voit figurer : le général
Bonaparte, Premier Consul ; Hortense Beauharnais ; Barbé-

---

(1) Cet arrêté a été placé, par la Banque de France elle-même, en tête du
Recueil de ses documents.

Marbois, ministre; Crétet, conseiller d'État; Cambacérès, 2e Consul; Duroc, aide de camp du général Bonaparte; Dubois, préfet de police; Gaudin, ministre des finances ; Lebrun, 3e Consul; Sieyès, sénateur; le général Serrurier, etc.

Ainsi, non-seulement le Gouvernement avait créé la Banque de France et l'avait dotée d'un capital, mais les principaux fonctionnaires, consuls, généraux, ministres, conseillers d'État, préfet de police, sénateurs, l'avaient alimentée de leurs propres deniers, en devenant ses actionnaires.

Voilà ce qu'à son début le Consulat, dans l'intérêt bien compris du Trésor, fit pour les banquiers et les principaux négociants de la capitale.

Le succès de la première année fut tel qu'on pouvait le désirer. Sous l'impulsion généreuse du chef de l'État, et grâce à son contrôle incessant, en moins de dix mois l'escompte était descendu de 12 à 6 0/0. Les semestres des rentes, pour la première fois depuis la Révolution, étaient payés en espèces. Les cours de la rente 5 0/0 remontaient de 8 francs à 40. Toutes les Caisses et la Banque elle-même se ressentaient de la solvabilité du Trésor.

Dès ce moment, la création était complète. Tous les risques avaient disparu; il n'y avait plus que des profits en perspective. C'est alors qu'on vit apparaître sur l'horizon les actionnaires de la Banque. Le capital de trente millions fut intégralement souscrit.

IV.

La Banque de France et Napoléon Ier. — Pluralité des Banques. — Réduction de l'escompte.

Des anomalies s'étaient introduites, dès l'origine, dans l'administration de la Banque; M. Mollien, nommé directeur de la Caisse d'amortissement, éveilla à ce sujet l'attention de Napoléon.

Les actionnaires jouissaient, aux termes mêmes des statuts, d'un droit de faveur pour la présentation à l'escompte. La loi de l'an XI fit cesser cet abus.

Cependant le commerce régulier n'offrait qu'un aliment insuffisant pour servir un intérêt de 6 0/0 aux actionnaires. Les rapports avec le Trésor prirent donc d'abord une grande extension.

Les plaintes que la Banque a souvent exprimées à l'égard des services que l'Etat lui demandait sont d'autant moins fondées que ses rapports avec l'Etat ont été pendant longtemps la source d'une forte partie de ses bénéfices. Les avances qu'elle lui faisait ont toujours été remboursées, et souvent même ces remboursements la mettaient dans l'embarras, ainsi qu'il arriva à la fin de 1806, quand, à la suite des campagnes d'Autriche et de Prusse, le Trésor solda intégralement son compte, montant à 86 millions. La Banque ne sut que faire alors d'une partie de son capital, porté successivement à 45 et à 90 millions.

Jamais, sous l'Empire, excepté en 1814, le montant des avances au Trésor n'a excédé celui des escomptes du commerce (1).

Aux yeux de Napoléon, après les premières épreuves qu'avait eu à traverser le Trésor sous le Consulat, la principale destination de la Banque fut l'abaissement de l'escompte en faveur des manufacturiers et des commerçants.

Cette préoccupation le poursuivait jusque dans ses campagnes les plus lointaines. Du champ de bataille même d'Iéna, il écrivait à son ministre des finances :

Berlin, 14 novembre 1806.

« Vous devez dire au gouverneur de la Banque que je pense que, dans « dans les circonstances actuelles, il est scandaleux d'escompter à 6 0|0. « Elle ne doit pas oublier qu'elle escomptait déjà à 6 0|0 lorsque les « maisons de commerce faisaient leurs opérations sur le taux de 9 0|0. « Il est donc convenable de revenir à l'ancien taux de 5 0/0.

« NAPOLÉON. »

Le retour du courrier lui apportait la nouvelle que l'es-

(1) M. Gautier, sous-gouverneur de la Banque de France , — art. Banque, — *Encyclopédie du Droit.*

compte était abaissé à 5 0/0, et il écrivait de nouveau à Gaudin :

Berlin, 29 novembre 1806.

« J'ai vu avec plaisir que la Banque avait réduit son escompte. Les « manufacturiers devraient se ressentir de cette abondance d'argent.

« NAPOLÉON. »

Et l'année suivante il obligeait la Banque d'abaisser l'escompte à 4 0/0, taux qui n'était abandonné, sous l'influence de l'invasion, que temporairement en 1814.

Les rapports de l'Empereur avec les négociants, rapports qu'il multiplia immédiatement après le blocus continental, le confirmèrent dans l'idée que la réduction du loyer de l'argent était le plus grand soulagement qui pût être introduit dans l'atelier national.

Il conçut alors le projet de porter le capital de la Banque à 200 millions, et d'étendre à toutes les parties de l'Empire, au moyen des comptoirs, l'escompte à 4 0/0.

Il écrivait de Belgique à M. Mollien :

Laken, 15 mai 1810.

« Je reçois votre lettre du 8. Ce que vous devez dire au gouverneur « de la Banque et aux régents, c'est qu'ils doivent écrire en lettres d'or, « dans le lieu de leurs assemblées, ces mots : *Quel est le but de la Banque* « *de France ? — D'escompter les crédits de toutes les maisons de com-* « *merce, à quatre pour cent.* .

« Je répète que, si les 90 millions d'actions de la Banque ne suffisent

5

« pas, je les doublerai, et je ne serai pas en peine de trouver des pre-
« neurs. Loin de cela, la Banque garde 15 millions d'actions dans son
« portefeuille ; donc elle ne remplit pas son devoir.

« NAPOLÉON. »

Moins de quinze jours après, ayant traversé les Flandres,
il écrivait encore à M. Mollien :

Au Havre, 28 mai 1810.

« Mon intention est qu'on établisse sans délai une succursale de la
« Banque à Lille ; voyez le gouverneur, pour que cela s'arrange sur-le-
« champ. Il n'y a aucune objection à faire contre un tel établissement
« dans une place aussi considérable, qui n'a de l'argent qu'à six pour cent,
« et dont le commerce est tel que Paris a toujours de l'argent à remettre
« en cette ville. Il faut sans doute s'arranger de manière que d'abord
« la Banque escompte avec de la monnaie réelle ; six mois ne se passeront
« pas qu'elle n'escomptera plus qu'avec ses billets. La place est suscep-
« tible d'en supporter plusieurs millions. Gand est dans le même cas,
« quoique l'argent y soit moins cher.

« NAPOLÉON. »

L'opposition que M. Mollien fit à l'accroissement du capital de la Banque répondait alors à la situation des
affaires, et il avait surtout raison d'insister pour que la
monnaie fiduciaire, destinée aux succursales de la province, fût *composée de coupures différentes de celles des
billets circulant à Paris* (1).

Mais le point essentiel qu'avait en vue M. Mollien, c'était

(1) *Mémoires d'un ministre du Trésor public*, t. III, p. 153.

la pluralité des Banques d'émission. Il repoussait le système des succursales de la Banque de France envahissant les départements, à l'exclusion des Banques locales, en montrant l'impossibilité de centraliser des opérations aussi multiples et variées que celles de l'escompte dans un immense empire comme la France. La prévision des graves inconvénients que devait entraîner l'unité des Banques fut justifiée après la Révolution de 1848.

C'est alors seulement que les Banques départementales disparurent, et que la Banque de France devint un monopole pour assurer le succès du cours forcé, et c'est depuis l'unification que se sont produites les crises monétaires et les élévations de l'escompte qui viennent périodiquement, tous les deux ou trois ans, surprendre le commerce et troubler toutes les relations du Crédit public et privé.

La Banque de France n'était, pour le ministre du Trésor, que la Banque de Paris ; il eût voulu, dans les départements, des centres de crédit et de circulation indépendants. Sur ce point, il finit par convertir Napoléon Ier lui-même, malgré les penchants de ce puissant esprit en faveur de la centralisation et de l'unité césariennes.

Le principe de la pluralité des Banques antérieur à la loi de l'an XI, consacré par elle et auquel l'organisation de 1806 et 1808 avait tenté vainement de substituer un système complet de comptoirs d'escompte que la Banque était hors d'état d'instituer, ce principe allait recevoir de la bouche même de l'Empereur une consécration définitive.

A son retour à Paris, en juin 1810, dans l'audience donnée aux envoyés des villes de commerce, qui venaient réclamer l'exécution de ses promesses à l'égard de l'extension des comptoirs d'escompte de la Banque, il leur dit :

« Vous aurez mieux que des comptoirs de la Banque; j'accorderai le
« privilége d'une BANQUE PARTICULIÈRE à chaque ville qui m'aura
« présenté une liste de bons actionnaires, et qui m'aura prouvé que
« ses négociants, qui réclament le secours de l'escompte, ont, chaque
« année, quelques millions de bonnes lettres de change à acquitter dans
« ses murs (1). »

Ces paroles étaient une anticipation sur l'avenir.

La promesse de Napoléon se réalisa quelques années après la paix.

Là où la Banque de France avait échoué à constituer des comptoirs, on vit s'élever des établissements indépendants qui prospérèrent (2).

La Banque elle-même comprit la nécessité de ce rouage extérieur.

Dans l'article sur les Banques déjà cité et publié en 1839 dans l'*Encyclopédie du Droit*, M. Gautier, sous-gouverneur de la Banque de France, reconnaît que la plura-

----

(1) *Mémoires d'un ministre du Trésor public.* t. III. p. 157.

(2) Des comptoirs avaient été créés à Lyon et à Rouen en 1808; la Banque sollicita et obtint, en 1817, la permission de les supprimer (ordonnance du 5 février 1817). Un troisième comptoir avait été établi à Lille. La Banque l'avait liquidé en 1813.

lité des Banques d'émission est indispensable pour la bonne
distribution du crédit et de la monnaie fiduciaire dans toutes
les parties du territoire. Il établit que l'harmonie entre ces
divers établissements et la Banque de France doit être
l'effet, non pas d'une hiérarchie, encore moins d'une fusion
imposée par la loi, mais du rapprochement et de l'accord
libre des intérêts.

C'est sur cette base qu'il proposait un plan d'après lequel,
d'une part, les Banques départementales se fussent multi-
pliées en augmentant leur capital, et de l'autre la Banque
de France eût accru le nombre de ses comptoirs. En éta-
blissant entre ces diverses institutions la réciprocité de
concours, la combinaison qu'indiquait M. Gautier eût
facilité la négociation des effets de place à place, développé
la circulation des petites coupures et fait participer toutes
les localités et toutes les industries à la réduction de l'intérêt.

Ces idées, que M. le comte Mollien était parvenu, en 1810,
à faire accepter à Napoléon Ier, et que l'un des sous gouver-
neurs de la Banque recommandait, en 1839, à la sollicitude
du pouvoir, s'offrent et se recommandent d'elles-mêmes au
Gouvernement, afin qu'il les prenne aujourd'hui pour bases
d'une réédification complète de notre système de Banques.

L'annexion nous rend dans la Banque de Savoie un
rouage indispensable du mécanisme du crédit et de la circulation.

Les bienfaits que la France retirait des Banques départementales, la Banque de Savoie et ses succursales peuvent nous les rendre, et la coexistence des deux institutions et des deux monnaies fiduciaires n'est, en définitive, que la réalisation d'un plan adopté, après un long débat, par le glorieux fondateur de la Banque de France, et élaboré, mûri, par un de ses administrateurs les plus éclairés.

V

Opérations de la Banque jusqu'à la Révolution de 1848. Disponibilité du Capital.

Il y a peu d'observations à faire, au point de vue qui nous occupe, sur les quarante premières années de la Banque.

A travers les phases diverses de son organisation, l'établissement garda le caractère qu'il avait à son début, et les règles qui devaient servir de base à ses opérations furent respectées. Son capital avait été successivement accru ; cependant la Banque, après l'avoir porté à 90 millions, le réduisit, par le rachat de 22,100 actions, à 67,900,000 fr. ; la Banque l'employa aux besoins du commerce et de l'État. Les opérations eurent lieu avec le Trésor aux mêmes conditions qu'avec les particuliers.

Le principe fondamental de la disponibilité du fonds social fut maintenu. Les emplois en rente ne cessèrent pas d'être considérés comme temporaires. Ils étaient, au début, un moyen de compléter le dividende de 6 0/0, que le peu d'extension des affaires n'avait pas suffi à produire.

Les achats de rente, peu à peu, se multipliaient, mais le principe de la disponibilité restait intact.

« En employant 50 millions en achats de fonds publics,
« disait M. Gautier. le sous-gouverneur de la Banque,
« dans l'écrit déjà cité (1), la Banque *n'a point aliéné*
« *la disponibilité de cette partie de son capital, puisqu'en*
« *prenant le temps et les précautions nécessaires, elle*
« *pourrait revendre ces fonds.* »

C'était une illusion, et M. Gautier se réfutait lui-même
quelques lignes plus loin, en parlant des Banques améri-
caines dont le capital n'était pas intégralement versé, quand
il démontrait que *le droit d'exiger ce versement* n'équiva-
lait nullement à la disponibilité effective des fonds, « par la
« raison que les circonstances qui amènent la nécessité d'en
« faire usage font toujours naître en même temps l'impos-
« sibilité de l'exercer. »

Des circonstances analogues peuvent évidemment rendre
très-difficile, sinon impossible, la réalisation des fonds publics pour une somme importante. Mais, en 1839, on ne
pouvait prévoir cette difficulté; le numéraire abondait,
l'escompte était à 4 0/0; le dividende annuel des actions
ne montait encore qu'à 6 0/0.

Seule la condition des trois signatures avait été lourde au
moyen et au petit commerce vers la fin de la Restauration.
Cette disposition, article essentiel des statuts depuis l'origine,
n'avait pas peu contribué à accroître la fortune et l'influence
des principales maisons de banque parisiennes.

---

(1) ENCYCLOPÉDIE DU DROIT, Article *Banque.*

Encore une fois, les observations que l'on pourrait faire sur la gestion de la Banque, jusqu'aux approches de la Révolution de février, auraient principalement trait à l'usage qu'elle a fait de son crédit.

Pendant cette longue période, fidèle aux règles de ses statuts primitifs, elle a rendu de grands services.

Elle avait d'abord, au moment de la renaissance de l'ordre et du travail, délivré le haut commerce et les banquiers de la nécessité d'avoir des encaisses considérables.

Elle avait appliqué les espèces circulantes dans Paris et les grands centres, par grosses sommes de 500 et de 1,000 fr., au remboursement, ou pour mieux dire, à l'entretien d'un gros capital fiduciaire formé de ses billets, qui avaient acquis les conditions de solidité de l'or et de l'argent.

Elle avait, grâce à l'insistance énergique de Napoléon Iᵉʳ, réduit l'escompte à 4 0/0; et elle a maintenu ce taux pendant près d'un demi-siècle, malgré les hausses et les baisses de l'intérêt dans toutes les Banques de l'Europe.

Enfin elle a aidé le Trésor, lui a fait des avances, est entrée pour une part dans ses emprunts, mais elle ne l'a pas fait toujours de bonne grâce; et elle a trop perdu de vue qu'elle ne rendait à l'État qu'une partie du crédit qu'il lui avait donné et des droits dont il lui avait fait la délégation.

Ce reproche, du reste, tout fondé qu'il est, ne diminue pas le mérite des services que la Banque a rendus et qu'elle

6

rendra dans de plus vastes proportions, dès qu'elle sera ramenée aux conditions essentielles de son établissement.

La principale de ces conditions, qui, si elle avait été observée intégralement, l'aurait maintenue, même à travers la crise de 1848, à la hauteur de ses devoirs, c'est la disponibilité de son capital ; car, si l'emploi de son capital peut n'être pas nécessaire pendant une suite d'années, l'impossibilité de sa réalisation immédiate peut, à un moment donné, mettre la Banque hors d'état de faire face à ses engagements (1).

C'est la disponibilité de son capital qui avait permis à la Banque de France de prêter 50 millions à la Banque d'Angleterre en 1842.

C'est au moyen de la vente même de ses inscriptions

---

(1) L'influence qu'exerce le fonds social d'une Banque réalisé en espèces sur la circulation des billets est chose si peu connue, qu'il est utile d'appuyer de chiffres ce fait évident à nos yeux que le capital de la Banque, s'il eut existé en numéraire dans ses caisses, rendait la crise monétaire qu'elle subit et le cours forcé, impossibles.

D'après le *Compte rendu* des opérations de 1848, le jour où le cours forcé fut réclamé par la Banque, son encaisse, montant à 59 millions, *représentait encore le tiers environ du passif exigible.*

La Banque évaluait donc son passif exigible à .... 180 millions.

Son capital et sa réserve, convertis en espèces, eussent porté l'encaisse à.................................. .... 136 »

Dans une situation pareille, il est bien évident que la certitude des porteurs de billets de trouver à volonté des espèces à la Banque eût fait cesser le flot des demandes de remboursement.

de rente que purent s'effectuer sans trouble, en 1847, des opérations sur les grains que nous allons rappeler en détail, parce que, mieux que tous les raisonnements, elles montreront tout ce qu'il y a de vicieux dans les mesures auxquelles la Banque a aujourd'hui recours.

Rien ne proteste plus énergiquement en effet contre sa ligne de conduite actuelle que celle que la Banque suivit à cette époque.

VI

Affaire de Russie. — Pente glissante du monopole.

Dès la fin de 1846, des achats considérables de blé à l'étranger avaient amené une forte diminution de l'encaisse et la nécessité d'importer des matières d'or et d'argent. A cet effet, la Banque avait d'abord emprunté de capitalistes anglais 1 million sterling (25,000,000 fr.) sur dépôt de rentes.

Cette ressource lui paraissant insuffisante, la veille même du jour où elle est mise à sa disposition, le 14 janvier 1847, la Banque élève l'escompte à 5 0/0. Il avait été, sans interruption, à 4 0/0 pendant *vingt-sept ans.* C'est dans ces circonstances que, le 16 mars suivant, le gouvernement russe propose à la Banque de lui acheter ses titres de rente jusqu'à concurrence de 50 millions, payables à Saint-Pétersbourg en numéraire.

Cette proposition honorait le gouvernement russe ; elle faisait cesser du même coup le malaise du marché français et les angoisses de la Banque, puisque le payement des grains se trouvait opéré en Russie sans déplacement d'espèces. Elle aurait dû être considérée comme un heureux moyen de conjurer une crise et de faire cesser les embarras de l'encaisse. La Banque ne parut voir dans la vente de ses rentes qu'un sacrifice fait à l'intérêt général.

Ici commencent à se manifester les préoccupations que fait naître infailliblement la jouissance prolongée d'un bénéfice non statutaire.

Depuis nombre d'années, les dividendes dépassent le taux de 6 0/0. Les semestres des rentes contribuent à le grossir. La Banque ne peut sans doute se soustraire à la nécessité qui pèse sur elle, néanmoins elle va nier cette nécessité; mais elle le fait dans un langage rempli de contradictions : elle s'efforce de transformer en un acte de désintéressement ce qui n'est que l'accomplissement de l'un de ses devoirs les plus étroits.

« La Banque, dit le compte rendu, n'avait plus besoin « d'argent. L'encaisse s'était relevé au 16 mars de 80 à 110 « millions. Le conseil *hésitait à priver les actionnaires* « *d'un revenu de 2 millions dont ils jouissaient depuis* « *un grand nombre d'années par suite de l'immobilisation* « *de leur capital en rentes.* »

« D'un autre côté, ajoute le compte rendu, *la Russie* « *avait livré de grandes quantités de grains qui ne pou-* « *vaient être soldés qu'en espèces. Les payements n'étaient* « *pas achevés.* Au moment de la réouverture de la navi- « gation, la France était menacée d'une nouvelle exporta- « tion de numéraire. Accepter le marché, c'était payer à la « Russie, par la remise d'une inscription de rente, 50 mil- « lions fournis en grains. La *vente des rentes de la Banque* « *était commandée par l'intérêt général du pays.*

« *Le conseil n'a pas hésité.* »

Ainsi, dans un moment où la subsistance du peuple nécessite l'exportation temporaire de 50 millions de francs en espèces, le premier mouvement de la Banque est d'hésiter à vendre les rentes que l'esprit de ses statuts lui interdit de conserver, parce que ses actionnaires vont être privés d'un revenu de 2 millions dont ils ont joui par tolérance depuis un très-grand nombre d'années. L'encaisse s'étant relevé de 30 millions, elle croit pouvoir affirmer qu'elle n'a plus besoin d'argent ; l'instant d'après elle est obligée d'avouer que la Russie n'est pas payée, et que la France (et non la Banque!) est menacée, à la réouverture de la navigation, d'une nouvelle exportation de numéraire ; et, malgré cet aveu, elle transforme une simple mesure de bonne administration, dans l'intérêt de ses caisses comme dans l'intérêt du public, en un sacrifice bénévole, que des actionnaires, après un tel exposé, pouvaient qualifier d'héroïque!

C'est le commencement du mirage inévitable exercé sur les meilleurs esprits par la longue possession d'un monopole sans élément d'émulation et sans contrôle. On regrette les semestres de rentes; on n'ose pas encore aller plus loin.

Toutefois la pente est glissante. Nous verrons bientôt les actionnaires et le Gouvernement lui-même y céder.

La Banque, dans l'affaire de Russie, avait tout simplement exercé son industrie et fait son devoir, car son devoir, comme celui de toute maison de commerce, c'est de tenir son fonds social toujours liquide et engagé dans ses opérations. Elle dispose gratuitement d'un capital fiduciaire qui s'élève en général au triple de ses ressources person-

·nelles, et souvent le dépasse comme aujourd'hui, où il en
est le quintuple , à la condition de rembourser à vue ses
billets. Le commerce a besoin d'argent au lieu de billets,
l'encaisse diminue; le devoir de la Banque, ainsi que
M. Gautier le proclamait en 1839, est *de l'accroître, en
aliénant son capital et en le réalisant en écus.*

Le résultat final de l'opération, du reste, avait été de nature à l'encourager.

Après l'exposé de M. d'Argout, M. Odier, parlant au
nom des censeurs, avait dit aux actionnaires : « Vos di-
« videndes se sont accrus. Ils se sont élevés, pour l'an-
« née 1847 , à 177 fr. (17 1/2 0/0), dont 84 fr. pour
« le premier semestre, et 93 fr. pour le second. C'est le
« plus fort dividende qui ait été réparti. »

Comment ce résultat avait-il été obtenu ? M. Odier l'explique. L'escompte, maintenu à 4 0/0 pendant 27 années,
avait été porté à 5 0/0. Le commerce avait donc payé aux
actionnaires de la Banque le semestre de 1,071,000 fr.
des rentes vendues à la Russie, et quelque chose de plus.

Ajoutons, pour clore cette histoire de l'aliénation temporaire des rentes de la Banque, qu'elle fut de très-courte durée
et que leur remploi se fit avec bénéfice.

La Banque avait vendu à la Russie : 1° 2 millions de
rentes 5 0/0, au cours de 115 fr. 75 c., formant la somme
de 46,300,000 fr.; 2° 142,000 fr. de rentes 3 0/0, à
77 fr. 65 c., formant une somme de 3.689,633 fr. 33 c.

Le 10 novembre 1847, le Gouvernement ayant fait avec MM. Rothschild un emprunt de 250 millions 3 0/0, la Banque y entra pour 25 millions au cours de 75 fr. 25 c., qui lui reconstituèrent un revenu de 996,677 fr. Peu après, les fonds ayant baissé, elle acheta encore 300,000 fr. de rente 3 0/0 au cours de 73 fr. 80 c. Lorsqu'après la Révolution de 1848, les versements de l'emprunt Rothschild restèrent impayés, un nouveau contrat intervint entre le gouvernement de la République et les adjudicataires de l'emprunt pour convertir le 3 0/0 en 5 0/0, au même cours d'émission. En d'autres termes, l'État consentait un sacrifice de 66 0/0, se traduisant par une aggravation perpétuelle de 2 0/0 d'intérêt, pour obtenir les versements de l'emprunt de 1847. La Banque de France profita, comme tous les porteurs, de cette modification apportée aux stipulations du traité primitif.

On le voit, sous quelque aspect qu'on envisage l'opération et ses suites, la Banque n'avait pas à se plaindre d'avoir aliéné ses rentes pour satisfaire à ses engagements.

Quelle influence a pu la détourner de cette ligne de conduite régulière?

Il n'y en a pas d'autre que cette pente glissante sur laquelle les intérêts sont entraînés quand ils exploitent, hors de l'œil du public, un monopole sans contre-poids.

L'Etat croit prudent, en l'an XI, de centraliser la monnaie fiduciaire de la capitale dans un seul établissement. Cet établissement fonctionne; il réussit. N'est-il pas naturel

7

qu'au milieu de tous les éléments du succès, il fasse la
plus grande part à son propre mérite ? N'ayant pas de con-
current, il se sent indispensable. Le public s'accoutume à
l'idée que la prospérité des affaires dépend de lui ; l'Etat
veut qu'il prospère : on mesure les services qu'il rend aux
dividendes qu'il distribue. Et bientôt, plus préoccupé des
intérêts de la Banque que de sa mission et des devoirs qui lui
incombent, on en vient à perdre de vue l'intérêt général, et les
meilleures traditions, les règles essentielles du crédit, se
trouvent sacrifiées à l'accroissement des dividendes d'un
établissement privilégié.

C'est par cette pente insensible que la Banque a été
conduite à l'emploi des moyens qui entretiennent, depuis
dix ans surtout, une alternative de marasme et de ruine
dans les transactions, et dont ses comptes rendus exposent,
à la fin de chaque exercice, les résultats, toujours avantageux à ses actionnaires.

VII

**Affaire des Lingots. — Renouvellement du privilége. —
La Création de Napoléon Ier n'existe plus.**

Les mesures qui précédèrent et suivirent le renouvellement du privilége de la Banque montrent combien son gouvernement était loin déjà des dispositions qui avaient présidé à l'affaire des grains en 1847.

Les mêmes circonstances se représentaient. De mauvaises récoltes avaient exigé, dès 1853, une exportation de
numéraire. L'encaisse de la Banque était encore menacé ;
son capital se trouvait de nouveau placé en rentes.

Cette fois, la Banque n'a pas même la pensée de faire
usage de cette ressource. C'est l'effet du monopole : plus les
revenus s'accroissent, plus on se persuade que tout doit se
subordonner à cette croissance.

Les dividendes s'étaient élevés :

à 15 1/2 0/0 en 1853,
à 19 1/2 0/0 en 1854.

En 1855, la Banque ne songe même pas à faire le sacrifice des semestres de ses rentes. Elle préfère recourir

à des mesures qui vont rejeter plus lourdement encore
sur le public le poids des nécessités qui pèsent sur elle.

Elle élève l'escompte à 6 0/0. Elle restreint les échéances de 90 à 75 et à 60. Enfin elle entreprend d'accroître
son encaisse par des achats d'or payés, non avec son capital, mais avec ses propres billets, remboursables en or.

Cette nature d'opération, qui s'est prolongée pendant trois
ans est d'un caractère si étrange, que, malgré tout ce qui
a été dit à ce sujet, il est impossible de ne pas s'y arrêter
un moment.

On comprend d'abord qu'il n'y a pas de commerçant
ayant l'expérience des affaires, et exerçant la même industrie que la Banque, qui, dans une position analogue, ne se
fût dit :

Mes billets sont remboursables à vue, en espèces. Si j'a-
chète des lingots en payant une prime et que mon vendeur
accepte mes billets de banque en payement, quelle garantie
ai-je qu'il ne viendra pas le lendemain échanger au pair les
billets qu'il aura reçus contre l'or qu'il m'aura livré, afin
de recommencer ce troc, où il gagne une importante commission ?

Si le commerçant avait passé outre, et qu'il eût voulu,
pour en avoir le cœur net, tenter l'expérience, on peut être
assuré qu'il aurait eu les yeux ouverts sur les résultats,
qu'il aurait surveillé de près son encaisse, et que, s'il l'avait
vu diminuer après la livraison des premiers lingots, il n'aurait pas recommencé.

Ce n'est pas cette manière de procéder qu'a adopté la Banque.

Loin de là : elle voit ses achats produire l'effet qu'il était si facile de prévoir, et elle réitère, elle persévère, elle transforme ses caisses en tonneau des Danaïdes.

En deux ans et demi, elle a acheté 1,300 millions de lingots qui lui ont coûté, en primes, 15 millions, et, malgré cela, SES BÉNÉFICES SE SONT ACCRUS !

Les dividendes ont été :

de 20 0/0 en 1855.
de 27 0/0 en 1856.
de 33 0/0 en 1857 !

Cette longue et prodigieuse campagne des lingots s'était liquidée chaque année ainsi : la Banque n'avait pas employé son capital ; elle avait continué à toucher régulièrement ses semestres. Elle n'avait engagé dans l'opération que le crédit que lui accordait gratuitement le public ; et c'est encore au public que, par l'élévation de l'escompte, elle avait fait payer, au delà des dividendes distribués, les primes qu'elle avait subies dans ses achats de 1,300 millions d'or !

Et, par une étrange confusion des effets et des causes, cette opération n'a inspiré à l'administration des finances d'autre résolution que celle de renouveler le privilége de la Banque, en exagérant les droits abusifs qui lui

permettaient de courir de telles aventures et d'en obtenir de pareils résultats !

Il est douteux qu'après avoir pesé ces faits dans leur détail et dans leur ensemble, on se trouve disposé à repousser,
sans examen et sans mûres réflexions, l'occasion qu'offre,
d'une part la juste demande de la Banque de Savoie d'introduire un élément d'émulation et de progrès dans l'administration d'aussi graves intérêts, et de l'autre, l'émission d'un
nouvel emprunt pour y comprendre, comme nous l'indique-
rons plus loin, les rentes de la Banque et la faire rentrer
dans l'exécution de ses statuts, par la réalisation de son
capital en espèces.

Cependant, en 1856 et en 1857, le public s'était enfin
ému. La discussion commençait à faire justice de cette
fausse manœuvre de la Banque, qui, après avoir encaissé en
deux ans et demi 1,300 millions d'or, voyait sa caisse
dépourvue de fonds suffisants.

N'osant plus recourir à cet expédient, qu'elle reconnais-
sait enfin n'avoir été qu'un leurre et une occasion de lucre
pour les puissants intermédiaires de ces monstrueuses opérations, moins disposée que jamais d'ailleurs à puiser dans
ses propres fonds le moyen statutaire qu'elle possède de tenir
en équilibre son encaisse et sa circulation, la Banque ne
craignit pas de recourir à un procédé plus onéreux que
tous ceux qu'elle avait déjà imposés au public, procédé
entièrement contraire à la mission qu'elle a acceptée, et qui
seule justifie ses bénéfices.

Elle demanda que son privilége, qui avait encore une

durée de dix ans, fût prorogé de trente années, et réclama
le DROIT D'ÉLEVER SANS LIMITE LE TAUX DE
L'ESCOMPTE (1). En échange de cette concession, elle
offrit au Gouvernement de sousrire un emprunt de 100 millions en rentes au prix de 75 francs.

Elle proposa l'immobilisation de cette portion considérable de son capital, comme conséquence de la fausse
théorie en vertu de laquelle le capital d'une Banque n'au-

---

(1) La Banque répudiait ainsi non-seulement sa tradition, mais ses propres
maximes. En faisant ressortir tous les bienfaits de l'abaissement de l'escompte à
propos des Comptoirs que la Banque, en 1839, commençait seulement à créer
dans les départements, M. Gautier, sous-gouverneur de la Banque, avait été
le véritable interprète de l'institution quand il écrivait les lignes suivantes dans
l'article déjà cité :

« L'effet infaillible de l'établissement des Comptoirs qui, comme la Banque elle-
même, escomptent à 4 0/0 tout le papier suffisamment garanti, c'est de produire
un abaissement immédiat du taux de l'intérêt dans la ville qui en est le siége, et
de la placer aussitôt, sous ce rapport, dans la même condition que Paris et les
points favorisés ; abaissement qui se propage à divers degrés, selon la facilité et
l'importance de leurs rapports avec cette ville, sur tous les produits du rayon
de son activité commerciale. C'est là surtout ce qui rend désirable la multiplication
de ces établissements, à laquelle la Banque se montre disposée à se prêter toutes
les fois que le commerce en manifeste le désir et partout où elle la juge réellement
utile. Car l'abaissement qu'ils amènent dans le taux de l'intérêt est l'encourage-
ment le plus efficace et le plus salutaire qui puisse être donné à toutes les branches
du travail. La classe ouvrière elle-même y est plus que toute autre peut-être inté-
ressée. Car le fabricant qui obtient à 1 0/0 meilleur marché le loyer du
capital qu'il est obligé d'emprunter pour faire marcher ses ateliers, peut
reverser, et reverse presque toujours une partie de cette économie sur les
ouvriers qu'il emploie, en augmentant ou leur salaire ou leur nombre, au grand
profit de la morale et de la paix publiques, et c'est là une considération qui n'a
peut-être pas eu l'influence qui lui appartenait dans les discussions auxquelles
ont donné lieu les questions qui se rapportent à l'abaissement du taux de l'intérêt. »

rait à remplir auoune fonction active, et ne devrait être qu'un capital de garantie à l'exemple des Compagnies d'assurances , comme si le capital devait perdre ce caractère de garantie, du moment où il serait représenté par du numéraire ou par des lettres de change, au lieu de l'être par des rentes.

Ainsi voilà l'établissement fondé par Napoléon Ier pour réduire en faveur de l'industrie nationale et du trésor, l'intérêt de l'argent, qui non-seulement renonce à sa mission, mais qui réclame encore la faculté de châtier par des taux d'escompte léonins le commerce entier et le trésor, chaque fois que ses déposants et ses porteurs de billets voudront disposer de leurs fonds !

L'initiative étrange de la Banque à ce sujet, qui inspira l'idée du renouvellement de son privilége, fait peser sur elle une lourde responsabilité.

La Banque était d'autant plus disposée à payer cette nouvelle faveur que le doublement du capital, qu'elle sollicitait en même temps, par un achat de rentes et une avance en bons du trésor, allait être pour les actionnaires de la Banque la source d'un bénéfice considérable, puisque les 91,250 actions nouvelles qu'elle demandait l'autorisation d'émettre à 1,100 francs ont plus que triplé de valeur, et se négocient aujourd'hui au cours de 3,350 francs.

C'est sur ces bases que l'accord se fit entre l'administration des finances et la Banque.

Nous ne sommes encore qu'à six années de cette singulière transaction. Et pourtant quel est aujourd'hui l'homme de sens qui puisse admettre qu'en pleine prospérité, après le retour de la paix, alors que la France était plus grande que jamais, on ait pu imaginer que le placement de 100 millions de francs en rente 3 0/0 à 75 francs était l'équitable compensation de concessions aussi exorbitantes, et en particulier, au point de vue des principes, de celle du taux illimité de l'escompte, ajoutée au renouvellement du privilége de la Banque jusqu'en 1897.

Qui se chargera d'expliquer comment, alors que le privilége de la Banque avait encore dix années à courir, on se soit empressé de le proroger de trente ans encore, sans se réserver, selon l'usage suivi en pareil cas, le droit de révision pour une époque intermédiaire?

Les avertissements de toute sorte n'ont pas manqué aux conseils du Gouvernement; la commission du Corps législatif combattit vivement plusieurs des dispositions du projet de loi : on passa outre.

La totalité du nouveau capital que versèrent les actionnaires, fixé à 100 millions (1), fut immobilisé en rentes, à des conditions qui portèrent les arrérages à toucher par les actionnaires à 4 millions; chaque actionnaire reçut une action nouvelle qu'il paya ainsi 1,100 francs, et qui fut cotée

(1) Exactement, la somme versée par les actionnaires fut de 100,375,000 francs. La somme convertie en rentes fut de 100 millions juste.

8

bientôt au-dessus de 3,000 francs. Et, comme si ce n'eût pas été assez, le droit de tirer de ses billets, qui ne lui coûtent rien, un prix de loyer illimité fut concédé à l'établissement qui n'avait été fondé que pour modérer les prétentions des capitalistes, en donnant l'exemple de la réduction de l'intérêt.

Dès ce moment, il était facile de prévoir que cette immobilisation de 100 millions ajoutés aux rentes de la réserve allait placer la Banque dans un état de gêne permanent en présence des besoins agrandis du commerce.

L'impossibilité d'user de ses ressources, ainsi qu'elle l'avait fait en 1843 et en 1847, devenait, *ipso facto*, la raison forcée, inévitable, désastreuse pour le commerce, l'industrie et le crédit public, de la périodicité des crises monétaires et des élévations de l'escompte à 5, à 6, à 7, et à 10 0/0.

La nouvelle constitution financière de la Banque, au lieu de favoriser l'abaissement du taux de l'intérêt, entraînait désormais, au contraire, la nécessité de l'élever à tout instant.

Les lois fondamentales de la production étaient répudiées.

On venait d'effacer jusqu'à la dernière trace des généreuses inspirations du Consulat et de l'Empire.

Napoléon Ier, l'œil toujours fixé sur la Banque, n'avait

pas cessé de défendre le travail national contre l'élévation du loyer de l'argent.

En 1806, après la victoire d'Iéna, il avait obligé la Banque à abaisser son taux d'escompte à 5 0/0, et l'année suivante à 4 0/0 ; ce dernier taux avait été maintenu jusqu'à l'invasion, et seulement suspendu alors pendant quelques mois.

On peut dire que ce taux de 4 0/0, inauguré par le premier Empire, s'était perpétué jusqu'au second, et, peu de de temps après le 2 décembre (le 3 mars 1852), la Banque n'avait obtenu pour douze années la prolongation de son privilége qu'à la condition d'abaisser l'escompte à 3 0/0.

Comment une pareille tradition s'est-elle perdue? Comment des idées si nettes en matière de crédit et de circulation se sont-elles à ce point obscurcies? Au lieu de persévérer à considérer la réduction de l'intérêt comme la mission et la raison d'être de la Banque, comment, en 1857, a-t-on pu l'exonérer du droit commun, et ajouter à son privilége celui de faire ce que le Code pénal défend et qualifie d'usure.

En fait, la nouvelle position faite à la Banque par la loi de 1857 a détruit la garantie nécessaire de tout service public organisé en vertu d'une concession de l'État.

La circulation des chemins de fer, qui impose de si énormes sacrifices aux compagnies, est soumise à un maximum de tarifs, et le taux auquel la Banque fait l'escompte, avec des billets que l'État lui permet de fabriquer gratuitement, ne l'est pas. L'obligation fondamentale qui avait légitimé son privilége a disparu. — La création de Napoléon Ier ne subsiste plus.

VIII

Influence du nouveau privilége de la Banque sur le cours de la rente. — Sophisme à propos du taux de l'intérêt.

Une expérience de six années a ouvert tous les yeux.

Les résultats ont été également funestes au crédit public, aux transactions privées, aux travaux des grandes compagnies.

A peine son privilége est-il renouvelé que, dès la fin de 1857, la Banque prend prétexte de l'exemple de la Banque d'Angleterre, et élève successivement son escompte à 7, à 8, à 9 et à 10 0/0.

Le commerce est bouleversé ; toutes les fortunes sont atteintes.

Un seul chiffre donne l'idée de l'appauvrissement universel et du resserrement des affaires causés par cette mesure.

Après les emprunts de la guerre de Crimée, l'escompte étant à 5 0/0, la rente s'était élevée à 73 francs ; en 1857, en pleine paix, elle tombe à 66 !

A partir de 1857 jusqu'au moment où nous sommes, le

marché, sous la menace perpétuelle de fluctuations du taux de l'intérêt, a vu peu à peu disparaître la confiance et les conditions de stabilité dont il avait joui depuis 1852.

En 1858, 1859, 1860, l'escompte est ramené à 4, 3 1/2, 4 1/2 0/0 ; la rente atteint le cours de 71 francs.

En 1861, l'escompte s'élève à 5, 6 et 7 0/0, la rente descend à 67 francs ; toutes les valeurs, toutes les entreprises, partagent le sort de la rente.

Au milieu de ces perturbations et de tous les malheurs qu'elles entraînent, on a été assez surpris de voir certains défenseurs de la Banque s'appuyer sur la liberté des transactions pour justifier son nouveau privilége et l'usage désastreux qu'elle en faisait.

« Le débat de l'offre et de la demande, disaient-ils, est la loi nécessaire, fatale, qui détermine les prix. L'or et l'argent sont une marchandise, et, comme toute marchandise, doivent être soumis à cette loi. »

Par la plus étrange des erreurs, on confondait ainsi le prix de revient de l'or et de l'argent, ou leur valeur échangeable contre d'autres marchandises, avec le taux de l'intérêt, lequel, soumis qu'il est à d'autres lois que celle de l'abondance ou de la rareté des métaux précieux, ne dépend que de l'état de l'ensemble des richesses d'un pays, et surtout de l'organisation du crédit qui y est adoptée. On oubliait que l'organisation du crédit doit toujours avoir pour but de faire circuler ces richesses, dans l'intérêt du travail, en

plaçant aux mains des travailleurs, aux moindres frais
possibles, les instruments de leur industrie, les capitaux
nécessaires à leur commerce.

On oubliait enfin les plus simples devoirs imposés aux
Banques, qui n'opèrent pas seulement avec leurs propres
fonds, mais, pour les trois quarts des affaires, avec un capital qui ne leur coûte rien, que le public crée par sa confiance, et dont il a droit de partager le profit.

Sans doute le débat entre l'offre et la demande doit,
à de certains moments, réagir sur les opérations des Banques, de telle sorte qu'il en puisse résulter la hausse du
taux de l'escompte ou de l'intérêt des capitaux.

Mais l'art du financier et de l'homme d'Etat est de conjurer ces difficultés et de renverser ces obstacles par la
puissance et l'habileté de ses combinaisons.

C'est la preuve de la grandeur de la civilisation que
l'homme puisse lutter avec avantage contre les obstacles de
tout genre qui l'environnent ou viennent le surprendre. Il
lui appartient de déjouer, par la pénétration de son esprit
et l'énergie savante des moyens qu'il met en œuvre, ce que
peuvent lui présenter de contraire les phénomènes économiques et sociaux aussi bien pour le moins que les forces
de la nature soulevées contre lui.

Les Hollandais, en vertu des lois mêmes de la pesanteur
qui précipitent sur eux les flots amoncelés, ont pu, au
moyen de leurs digues, rendre non-seulement habitable

mais fécond un territoire que la mer surplombe. Grâce à
l'appareil de Franklin, nous vivons tranquilles dans nos
maisons, fussent-elles placées sur les lieux les plus élevés,
alors que les éclairs sillonnent les nuages autour de nous.
A plus forte raison, il appartient à la science économique
et sociale de triompher des obstacles qu'un système incomplet et imparfait de crédit peut rencontrer sur son chemin.

S'il est vrai que l'or et l'argent sont une marchandise,
et que leur prix résulte des quantités offertes et demandées,
il n'est pas moins vrai que l'on puisse modifier les quantités
offertes dans un sens favorable aux besoins du commerce.

L'argent est une marchandise d'une nature exceptionnelle, puisqu'il ne sert qu'à nous procurer toutes les autres, et des millions de travailleurs, en France, en ont
besoin pour tout et à tout instant. Il est naturel que la société
s'ingénie pour rendre le moins onéreux possible le loyer
d'un capital qui, après tout, n'est susceptible d'aucune transformation et par lui-même ne produit rien; il y va pour
elle d'un intérêt vital, et de nouveaux besoins rendent
chaque jour plus saisissante la belle image de Turgot
où il représente l'intérêt élevé de l'argent comme une
inondation qui, en couvrant les plaines et les coteaux, inter-
rompt les travaux et condamne les populations à la ruine
et à la famine.

Combien, en abaissant le niveau de ces eaux dévasta-
trices, ne verrait-on pas apparaître de nouveaux champs à
fertiliser! Combien d'entreprises aujourd'hui impossibles

s'accompliraient sur tous les points du territoire, et jusque dans les localités les plus abandonnées, si l'intérêt des capitaux descendait à un taux modéré, et s'il y était maintenu !

L'achèvement de nos voies ferrées est une nécessité politique et sociale que l'on ne doit jamais perdre de vue : or, sans la baisse de l'intérêt, l'exécution des innombrables tronçons des troisième et quatrième réseaux reste inabordable; avec un intérêt bas, elle devient facile.

Mais c'est trop longtemps s'arrêter sur des erreurs d'un autre âge, et qui ne séduisent plus que les esprits attardés.

Ce n'est pas d'ailleurs par respect pour la liberté des transactions que la Banque a été investie, par l'effet d'un monopole, du droit d'élever indéfiniment le taux de ses escomptes; c'est parce que l'on a admis comme une vérité cette erreur déplorable, que la hausse de l'escompte était le seul moyen de maintenir ou de ramener le numéraire dans les caisses de la Banque.

Il faut que la lutte engagée entre la Banque et le pays ait une fin, et que le public et le Gouvernement prononcent en dernier ressort. Nous allons mettre toutes les pièces de ce procès sous leurs yeux.

———

IX

Question des mesures restrictives. — Leur influence sur l'encaisse.

Quelle peut être en réalité l'influence de la hausse de l'escompte et des mesures restrictives sur l'encaisse de la Banque?

Avant d'entrer dans la discussion du mérite des mesures restrictives auxquelles la Banque a recours pour ramener les espèces dans ses caisses, il est nécessaire de rappeler les dispositions qu'elle a cru devoir prendre depuis le rétablissement de l'Empire jusqu'à ce jour.

La suite, le nombre et l'importance de ces fluctuations d'intérêt imposées au commerce ont leur éloquence.

L'escompte était resté à 4 0/0 depuis 1807 jusqu'en 1852, sauf trois suspensions de courte durée, pendant lesquelles il avait été élevé à 5 0/0.

En 1852, le Prince Président, voulant inaugurer une ère de paix et de travail, prolongeait de douze années le privilége de la Banque de France. Il ne lui imposait en échange que l'obligation de faire des avances sur les titres des chemins de fer et la stipulation des termes plus éloignés pour le remboursement du prêt de 75 millions fait au Trésor en 1848 ; ces mesures, et surtout la baisse de l'escompte à 3 0/0, qui avait été convenue en même temps, contribuèrent à donner une vive impulsion aux travaux publics et à toutes les branches de l'industrie nationale.

A la fin de 1852, la Banque revint au taux de 4 0/0, et, le 20 janvier suivant, elle le portait à 5 0/0.

Après avoir été deux fois ramené, en 1854 et 1855, à 4 0/0, l'escompte remonte en octobre 1855 à 5, puis à 6 0/0. La durée des échéances est réduite de 90 jours à 75, puis relevée de 75 à 90 jours : elle est encore réduite de 90 à 60 jours, puis reportée de nouveau de 60 à 75.

En 1856, l'escompte de 6 0/0 descend à 5 0/0. Le 25 septembre, il est relevé de 5 à 6 0/0.

En juin 1857 la Banque le fixe à 5 1/2. Le 15 octobre à 6 1/2 ; cinq jours après à 7 1/2. Le 11 novembre il atteint le taux de 8, 9 et 10 0/0, selon que la durée des échéances est de 30, 60 ou 90 jours. Quinze jours plus tard, la Banque, en conservant les conditions d'échéance, abaisse l'escompte à 7, 8 et 9 0/0, et, dix jours après, à 6, 7 et 8 0/0. Onze jours s'écoulent, et le taux de 6 0/0 est appliqué à toutes les échéances. Onze jours après, le taux de 5 0/0 est adopté.

L'année 1858 tout entière est une année de décroissance. L'escompte descend à 4 1/2, à 4, à 3 1/2, à 3 0/0.

Le 4 mai 1859 il est porté à 4 0/0. Le 5 août à 3 1/2.

Le 12 novembre 1860 il est relevé à 4 1/2 0/0.

Par opposition à 1858, l'escompte, au début de 1861, est sous l'influence d'une marche ascendante : à 5 0/0 le 2 janvier, il monte le 8 du même mois à 7 0/0 ; mais le 14 mars il redescend à 6, le 21 à 5 ; il remonte le 26 septembre à 5 1/2. Le 1er octobre il est à 6, le 22 novembre il redescend à 5 0/0.

« Cette mobilité, observe le compte rendu de cette année, « ne cesse de protéger nos encaisses. Son efficacité est dé- « montrée par les résultats. »

L'année 1862 renouvelle presque les destinées de 1858 : l'escompte descend successivement à 4 1/2, à 4, à 3 1/2, puis il remonte à 4 0/0.

Le 15 janvier 1863, il remontait encore à 5 0/0. Il descendait le 12 mars à 4 1/2, le 26 du même mois à 4, le 7 mai à 3 1/2 0/0. Il remontait le 11 juin à 4, le 8 octobre à 5, le 6 novembre à 6, et la semaine suivante à 7 0/0, taux que le commerce et les affaires subissent encore aujourd'hui.

Nous avons mis les faits sous les yeux du lecteur.

Indiquons maintenant les critiques dont ils ont été l'objet et la réponse que la Banque a cru devoir y faire.

Dès 1853, à partir du moment où l'escompte atteignit pour la première fois, sous le Gouvernement actuel, le taux de 5 0/0, les plus vives représentations n'ont cessé d'être adressées à la Banque.

Nous les résumons rapidement :

De 1807 à 1852, disait-on, sauf de rares exceptions, la Banque avait maintenu le taux de 4 0/0; ce long intervalle de quarante-cinq années avait été marqué par de nombreuses vicissitudes commerciales, par de profonds bouleversements politiques ; le prix du blé avait éprouvé, dans les mêmes espaces de temps, des variations énormes; le cours des effets publics avait subi des fluctuations plus nombreuses ; les établissements de crédit de l'étranger avaient élevé et abaissé fortement leurs escomptes : néanmoins elle avait persisté dans son système de fixité sans qu'il en résultât le moindre inconvénient.

On rappelait à la Banque que la fixité de l'escompte donnait au commerce l'inappréciable avantage d'une sécurité parfaite quant à la négociation régulière et facile de ses engagements; que la variabilité de l'escompte, au contraire, déjouait tous les calculs, entretenait de perpétuelles inquiétudes, aggravait les crises et les prolongeait en encourageant les opinions pessimistes par une vague menace perpétuellement suspendue sur tous les intérêts.

On s'efforçait de lui faire sentir la grave responsabilité morale qu'elle assumait. On lui demandait si elle se croyait, par ses lumières, à la hauteur des devoirs que lui imposait le pouvoir exorbitant qu'elle s'était fait attribuer. Quand elle persistait, malgré les démentis de sa propre expérience, à ramener, par la hausse de l'escompte, le numéraire dans ses caisses, se rendait-elle un compte exact de ce qu'elle voulait faire et de ce qu'elle faisait? Ignorait-elle qu'une différence de 2 ou 3 p. 100 par an sur l'escompte d'effets à un, deux ou trois mois, n'était pas de nature à empêcher la sortie du numéraire, lorsque cette sortie était commandée par des achats imprévus ou par des emprunts à solder à l'étranger? Ignorait-elle que, dans des conditions normales, une légère différence d'intérêt ne couvre pas les frais et les risques d'un déplacement d'espèces? que le haut prix de l'intérêt commercial, à Vienne, à Trieste, à Odessa, à New-York, à Constantinople, n'épuisait pas les réserves métalliques de Francfort, de Berlin, de Hambourg et d'Amsterdam?

La Banque de France, pour sa justification, citait l'exemple de la Banque d'Angleterre; mais on lui opposait la constitution différente de cette Banque, constitution d'ailleurs tellement défectueuse que, par deux fois dans l'espace de dix années, les chanceliers de l'échiquier avaient été obligés, même en l'absence du Parlement, d'en suspendre l'application.

On signalait tout ce qu'il y avait de pénible, pour l'honneur national comme pour les intérêts de l'industrie, dans cette rétrogradation de la Banque de France, qui, après un demi-siècle de fixité à 4 0/0, ramenait l'instabilité et les taux d'escompte du Directoire sous le gouvernement de Napoléon III, au milieu du progrès manifeste qui est le caractère de notre époque.

On faisait ressortir tout ce qu'il y avait de choquant, au moment où les gouvernements rapprochaient les peuples et facilitaient leurs échanges, de voir les Banques se conduire encore d'après la doctrine surannée de la balance du commerce, et resserrer ou étendre le crédit, ralentir ou activer le travail, d'après l'exacte proportion de la rareté ou de l'affluence du numéraire dans leurs caisses.

On signalait l'anomalie singulière que présentent, l'une par rapport à l'autre, deux des mesures que fit prévaloir Robert Peel dans son dernier ministère : par l'une, cet illustre homme d'État avait accompli la réforme de la législation des céréales et proclamé la liberté du commerce, tandis que par l'autre il avait soumis les opérations de la Banque d'Angleterre, où la liberté serait si nécessaire, à l'action mécanique et brutale de son encaisse métallique.

. On faisait remarquer que la Banque de France avait élevé son escompte le lendemain même du jour où les stipulations du traité de commerce étaient mises en activité.

Ainsi, disait-on, c'est au moment où s'effaçaient les derniers vestiges du système prohibitif que la Banque de France remplaçait par la hausse de l'escompte les entraves de la prohibition à peine disparues; c'est alors que l'industrie nationale, momentanément désorientée, avait besoin d'encouragements et d'appui qu'on lui suscitait des difficultés.

. En présence de cette abondance de raisons, dont l'évidence frappait de jour en jour un plus grand nombre d'esprits, la Banque comprit enfin qu'elle ne pouvait garder le silence.

Elle n'entreprit pas naturellement de réfuter des arguments sans réplique. Le Gouverneur, dans le rapport présenté à l'Assemblée du 29 janvier dernier, se borna, après le récit des variations du taux d'escompte dans l'exercice de 1862, à faire cette simple déclaration :

« Lorsque, en 1857, le privilége de la Banque fut renou-
« velé, le principe de cette mobilité, de tous temps tutélaire ,
« a été non-seulement consacré par les pouvoirs publics,
« mais ils ont prévu que, selon l'accroissement de la circu-
« lation, comparée à une diminution trop prompte des
« encaisses, il pourrait devenir utile de le rendre plus
« efficace.

« Telle est l'origine du droit que nous avons de décider
« des élévations supérieures à l'ancien taux légal de
« 6 0/0.

« *Jamais la hausse de l'escompte ne manque l'effet*
« *qu'elle doit produire. Nous n'hésitons pas à en user,*
« *son résultat se fait rarement attendre, et toujours la*
« *justifie.*

« En Angleterre, la mobilité du taux de l'escompte suit
« invariablement celle de l'encaisse métallique, et cette loi
« économique, consacrée par une longue expérience, tou-
« jours appliquée sans hésitation, est acceptée sans récla-
« mation par un public chez lequel le respect pour les
« saines doctrines est traditionnel.

10

« Convaincus de son efficacité, nous continuerons nous-
« mêmes à l'appliquer toutes les fois que la nécessité s'en
« fera sentir, et avec d'autant plus de fermeté que la soli-
« darité qui existe aujourd'hui entre les grands marchés
« monétaires de l'Europe nous en fait un devoir plus
« impérieux. »

Ainsi la Banque affirmait que le principe de la mobilité de l'escompte avait été de tout temps tutélaire ; c'est-à-
dire qu'elle affirmait le contraire de la vérité, attendu que sa
fixité pendant près d'un demi-siècle avait été, au contraire,
la source de la majeure partie du bien produit par l'institution.

Elle mettait en avant encore ce vieil épouvantail de la soli-
darité des marchés monétaires, quand, pendant cinquante
ans, elle avait elle-même fait l'expérience de son inanité ;
quand, sous nos yeux, à New-York, à St-Pétersbourg et à
Vienne, malgré les primes élevées que l'agio y donne à
l'importation de l'or, on ne parvient pas à y attirer les métaux précieux d'Amsterdam, de Berlin et de Francfort (1).

Les objections qui avaient été faites à la Banque n'ayant
pas été détruites par elle, les vrais principes et les démons-
trations qu'on lui opposait ont continué de subsister.

Le seul élément nouveau de conviction, renouvelé de sa
déclaration de 1858, que produisait la Banque dans ce

---

(1) L'agio sur l'or est aujourd'hui de 10 0/0 à Pétersbourg, de 20 0/0 à
Vienne et de 33 0/0 à New-York.

grand procès où sont engagés tant d'intérêts, et qui fait
planer sur le marché de si sombres menaces, c'est l'obser-
vation que *la hausse de l'escompte ne manque jamais son
effet*; que *son résultat se fait rarement attendre*, *et toujours la justifie*.

C'est précisément ce qu'il aurait fallu expliquer.

L'or revient régulièrement dans les caisses de la Banque
après en être sorti. Voilà un fait avéré. Mais quelle en est
la vraie cause?

L'or, après l'usage auquel il a servi, revient-il par le seul
effet des lois naturelles de la circulation, ou son retour
est-il uniquement déterminé par les mesures restrictives de
la Banque?

On voudrait, au moins, pouvoir comprendre par quel
miracle de prestidigitation il se fait qu'à l'instant même où
le négociant voit une partie de ses effets chargée d'un intérêt usuraire, les caisses de la Banque se remplissent du
métal précieux (1).

La Banque n'explique rien. La hausse de l'escompte

---

(1) Il faut reconnaître cependant que cet effet peut se produire dans une certaine
mesure, attendu que la hausse de l'escompte n'est pour la Banque qu'une sorte de
liquidation partielle. Il est certain qu'au fur et à mesure que l'escompte s'élève,
des classes entières de négociants ne peuvent plus s'adresser à la Banque sous peine
de compromettre ou de perdre entièrement leur crédit : aussi le portefeuille de la
Banque doit-il forcément diminuer par l'effet de la hausse de l'escompte, et, par
une conséquence naturelle, l'encaisse doit se relever dans la même proportion.
Mais au prix de quelles souffrances ce résultat est-il obtenu !

fait reparaître l'or. C'est pour elle un article de foi devant lequel l'esprit humain n'a plus qu'à s'incliner.

On raconte que des missionnaires, visitant une des îles perdues dans les immensités de l'océan Pacifique, y trouvèrent une corporation de sorciers qui avaient réussi à faire croire aux habitants que leurs sortiléges faisaient, chaque jour, lever le soleil.

Quand l'astre disparaissait à l'horizon, ils poussaient des cris de détresse. Les habitants, terrifiés, apportaient ce qu'ils avaient de plus précieux, et les sorciers proclamaient que le soleil, touché de la munificence de ces pauvres gens, voudrait bien reparaître le lendemain.

Les missionnaires voulurent abolir ce tribut. Ils s'adressèrent aux sorciers; ceux-ci répondirent comme la Banque :

Chaque fois, le sacrifice ne manque pas de produire son effet!

Il est possible néanmoins de donner une explication naturelle de ce phénomène si simple, et jusqu'à ce jour si étrangement interprété par la Banque, de la sortie et de la rentrée des espèces dans les caisses de la Banque.

Nous allons essayer de le faire.

X

Réduction et accroissement de l'Encaisse. — Véritable influence des variations du taux de l'Escompte.

Par qui l'or peut-il être retiré de la Banque ?

Uniquement par les porteurs de ses billets ou par les titulaires de ses comptes courants.

Il n'y a pas moins de 800 millions de billets en circulation, et le crédit des comptes courants monte à 200 millions ; — ces deux sommes réunies forment une dette d'un milliard, exigible à tout instant.

Le mouvement ordinaire des affaires fait que communément les billets et les espèces vont et viennent, rentrent à la Banque et en ressortent, dans des proportions telles que, sauf certains achats au dehors aussi réguliers que l'ordre des saisons, ces proportions ne font pas sensiblement varier celles de l'encaisse, de la circulation et des comptes courants.

Mais qu'un besoin exceptionnel d'or se manifeste à l'étranger en offrant aux capitalistes français l'occasion d'un gros bénéfice, et ces proportions vont changer.

L'Italie ou l'Autriche, par exemple, fait un emprunt à des conditions favorables pour les prêteurs ; des banquiers le souscrivent ; les versements sont espacés en une année, de mois en mois.

Que vont faire les banquiers soumissionnaires ou les maisons admises au partage de cet emprunt? Ils vont prendre leurs dispositions pour se procurer les fonds de chaque versement, aux diverses époques où ils devront être expédiés à Vienne ou à Turin.

A quelles opérations demanderont-ils ces fonds?

On croit que les personnes qui ont de l'or à exporter ne l'obtiennent de la Banque qu'au moyen d'effets qu'elles présentent à l'escompte pour cet objet spécial. C'est une erreur. Les grandes maisons de banque ne font pas argent de leur signature à la Banque de France. Une grande partie de leurs fonds et de ceux de leurs souscripteurs est employée au contraire à escompter les effets de la place de Paris et des places étrangères. Quand ces maisons ont à effectuer les versements d'un emprunt à l'étranger, il suffit que les époques de ces versements soient mises en harmonie avec les échéances de leur portefeuille et avec la vente à la Bourse des titres divers de leur portefeuille.

Ainsi, le moyen qu'emploieront les capitalistes souscripteurs de l'emprunt consistera à réaliser des valeurs de portefeuille et des valeurs négociables à la bourse à des cours non influencés encore par les retraits d'or de la Banque.

Insistons sur ce point, car il est essentiel :

On se procure de l'or, à volonté, en réalisant des capitaux mobiliers : fonds publics, actions, obligations ou effets de commerce.

Dans les seuls pays de France et d'Angleterre, il n'existe pas moins de **soixante milliards de valeurs** de cette nature, à tout instant réalisables en billets ou virements de comptes, et **donnant droit, par conséquent, à demander de l'or aux Banques.**

Les possesseurs de ces soixante milliards de titres, toujours réalisables en espèces, n'ont donc nul besoin de présenter des effets à l'escompte pour se procurer de l'or. S'il en pouvait être ainsi, d'ailleurs, les Banques n'auraient qu'à refuser les nouveaux bordereaux pour garder leur trésor. Malheureusement, le droit de puiser dans leur encaisse échappe à leur contrôle. Ce droit naît, à chaque instant, à leur insu, en dehors de leur autorité, du seul fait de la réalisation de capitaux existants.

Nous avons supposé une opération d'emprunt au dehors: les choses se seraient passées de même s'il se fût agi d'une récolte extraordinaire de soie en Chine, en Syrie ou en Piémont, amenant des achats plus considérables que dans les années ordinaires; ou d'une création de chemins de fer dans l'Inde exigeant un supplément de métaux précieux pour le payement des salaires ; ou d'une importation de céréales en temps de disette ; ou enfin d'un achat de cotons américains par suite de la levée accidentelle du blocus d'un port du Sud ou d'un mouvement en avant des armées du Nord ; et, à cette occasion, disons-le en passant, pour démontrer les vices du système actuel, la perspective de la pacification américaine, que l'Europe entière accueillerait avec bonheur, ne serait peut-être pas envisagée de la même manière par les hommes de finance. Dans l'état actuel de l'organisation de notre crédit, ils craindraient les effets que pourraient avoir, dans les premiers moments, ces exportations d'espèces destinées à assurer nos approvisionnements de coton, dont la privation est aujourd'hui une cause de chômage pour nos principales manufactures et de souffrance pour de nombreuses familles d'ouvriers (1).

Mais reprenons notre raisonnement :

Dans toutes les circonstances que nous venons d'énumérer, celui qui entreprendra de faire l'échange de l'or français contre des soies, des actions de chemins de fer indiens, du blé ou du coton, pourra se procurer de l'or en France ou

---

(1) Par une singulière contradiction, pendant que, d'un côté, on fait des souscriptions pour aider les ouvriers cotonniers dont le travail a diminué, de l'autre, les Banques infligent, sous la forme de l'élévation de l'intérêt, une *pénalité* aux négociants qui s'efforcent d'importer en Europe une matière première aussi précieuse que le coton, bien plus précieuse encore que l'or et l'argent, dont l'utilité consiste uniquement à faciliter l'échange des produits que l'industrie transforme au profit et pour l'usage de la Société.

en Angleterre par la réalisation de son portefeuille ou la vente de ses titres mobiliers.

En quoi, encore une fois, la hausse de l'escompte y pourrait-elle faire obstacle ? Arrêtera-t-elle le payement d'un seul effet de commerce à son échéance, l'acquittement d'un seul bordereau d'agent de change ou celui d'un seul payement à l'étranger ? La Banque porterait son escompte à 15 0/0 qu'elle ne diminuerait pas d'un napoléon la somme d'espèces que tout vendeur d'un capital mobilier a le droit de lui demander.

La hausse de l'escompte ne peut donc rien pour retenir l'or, quand le besoin d'en exporter se fait sentir.

Quant à la manière dont s'accroît l'encaisse, elle n'est pas un mystère.

Les espèces entrent généralement à la Banque, parce que ceux qui les détiennent les y portent, soit pour grossir leurs comptes courants, soit pour prendre des billets en échange.

Ici nous touchons à un élément que le plus souvent on passe sous silence, quand on traite ces matières, et qui joue cependant le rôle principal dans la circulation. Cet élément, c'est l'utilité du *billet de banque*, le besoin qu'en éprouve le public.

Le billet de banque, dans une foule de situations, est très-recherché. L'or, sans doute, n'est pas d'un transport aussi incommode que l'argent. Il perd cependant sa commodité, dès

11

qu'il s'agit de recevoir des sommes de plusieurs milliers
de francs. Vous n'aimeriez pas à recevoir le payement d'un
immeuble d'une valeur de Bourse en or On a expérimenté
que la masse de billets impérieusement retenus dans la
circulation par le courant des affaires est de 600 millions
environ, soit près des trois quarts de la masse totale de billets
que la Banque tient dans la circulation. — Si la Banque avait
dans ses caisses ou dans son portefeuille son capital liquide
pour faire face aux 200 millions de billets qui ne sont pas
indispensables aux besoins journaliers, elle aurait la certitude que les billets qui, sur les 600 millions restant,
lui rentreraient en lui prenant de l'or seraient bientôt
redemandés par le public et que l'or rentrerait à leur
place (1).

---

(1) Un exemple rendra cette proposition évidente. Dans le dernier compte rendu
de la Banque de France (12 novembre dernier) :

Les billets payables à vue s'élevaient à................   807,699,725 fr.
Les comptes courants remboursables à vue............   219,050 057 »

Ensemble des engagements à vue............ ...   1,026,749,782 fr.
Pour faire face à ces engagements, elle avait un encaisse de   203,390,248 »

soit le cinquième, ou 20 0/0 de ses engagements exigibles. En vendant ses
rentes, elle se procurerait un capital de 151,205,870 fr., et voici quelle serait
la situation de la Banque dans les trois hypothèses suivantes :

Les 151 millions seraient entièrement payés en argent ;

Ils seraient entièrement payés en billets ;

Ils seraient payés moitié en argent, moitié en billets.

Dans la première hypothèse, l'encaisse serait porté à 356 millions, soit 29 0/0
des engagements ;

Ainsi, le seul besoin qu'a le public des billets de la Banque tend à ramener l'or dans ses caisses, et en même temps les suites de l'opération qui a nécessité l'exportation de l'or amènent, après un certain délai, sa rentrée dans le pays. Les capitaux de cette nature, sauf des cas exceptionnels, ne s'expatrient pas d'une manière définitive. L'intérêt les a éloignés, l'intérêt les ramène. Ce retour est inévitable, et il est indépendant de la hausse de l'escompte.

La Banque s'exagère étrangement sa puissance, quand elle croit qu'il dépend d'elle d'arrêter les affaires, de remonter les courants que créent, dans le monde entier, les besoins des gouvernements et des peuples et les rapports de tous les marchés.

Pour gouverner le commerce et la politique des États,

Dans la seconde hypothèse, l'encaisse resterait le même, et les engagements seraient réduits à 875 millions, et l'encaisse serait 42 0/0 des engagements.

Dans la troisième hypothèse enfin, les engagements seraient réduits à 950 millions, l'encaisse serait élevé à 280 millions, soit à 34 0/0 des engagements exigibles.

Or, à quelques nuances près, ces trois proportions rentrent dans ce qu'on considère comme une situation normale pour une Banque d'émission.

Dans ces conditions, et si l'on considère que les besoins indispensables de la circulation exigent un minimum de 550 millions de billets, et que les soldes des comptes courants du Trésor et des particuliers ne peuvent pas descendre au-dessous de 100 à 130 millions, on reste convaincu que la Banque, en vendant ses rentes, pourrait abaisser son escompte même à 3 0/0 sans craindre un échange trop considérable de ses billets contre du numéraire. Or, la baisse de l'escompte favoriserait le placement des rentes du nouvel emprunt aussi bien que celui des rentes de la Banque.

il faudrait qu'elle ne dépendît de personne, et elle dépend de tout le monde. Elle est débitrice d'un milliard de billets et de comptes courants, d'un milliard exigible chaque jour, à toute heure, et il existe plus de trente milliards de valeurs françaises, négociables à la Bourse, avec lesquelles on pourrait puiser largement dans sa caisse et lui retirer le dernier souffle de vie.

Une seule chose préserve l'encaisse des Banques, c'est l'équilibre qui existe entre les divers marchés du monde. Les occasions de déplacements monétaires sont de nos jours, il est vrai, plus fréquentes qu'autrefois ; mais le capital déplacé ne représente jamais qu'une somme de beaucoup inférieure au fonds social des Banques. Si la Banque de France avait, comme toutes les grandes maisons de banque, son fonds social disponible, elle pourrait lui donner un emploi en harmonie avec les opérations du commerce extérieur, elle trouverait son profit à faciliter ces opérations au lieu de les contrarier. Si, par exemple, elle se trouvait avoir, au lieu de rentes et de bons du Trésor, du papier sur les places d'Angleterre, d'Italie, d'Allemagne ou de Russie, quand l'or est demandé dans ces divers pays, elle pourrait offrir aux exportateurs des lettres de change au lieu de métal, ou faire indirectement venir du métal par la négociation de ses lettres de change sur les points où il serait abondant, pour remplacer celui qui lui aurait été enlevé.

Nous voulions seulement expliquer par quels moyens

s'opèrent l'entrée et la sortie des espèces. Nous savons
maintenant ce que vaut le procédé empirique de la hausse
de l'escompte : il n'est bon que pour ceux qui ne savent
pas en employer d'autres. On voit encore des médecins
qui, au lieu d'aider la nature, veulent lui faire violence.
La Banque les imite. La sève des sociétés modernes l'in-
quiète, et elle transforme une floraison généreuse de croissance en attaques d'épilepsie ou en maladie de langueur.

La hausse de l'escompte amène forcément une dépré·
ciation correspondante des fonds publics. On en con-
clut que cet intérêt supérieur offert aux capitaux du pays
les y retiendra, et y attirera même les capitaux étrangers.

Nos voisins d'outre-Manche se laissent encore aller à
cette illusion ; et c'est ce qui leur fait dire que, lorsque
l'encaisse diminue, les Banques doivent élever le taux de
l'escompte et l'intérêt des comptes courants.

Ce serait, dans tous les cas, produire un grand mal
pour obtenir un bien mince résultat; mais il faut ajouter
que les capitaux d'un pays ne se déplacent pas si facilement,
et surtout qu'ils ne se composent pas exclusivement de métaux précieux ; l'or et l'argent ne jouent jamais qu'un rôle
intermédiaire et provisoire entre les marchandises de toute
nature qui constituent la richesse d'un pays, et, en définitive, c'est avec les produits réels du travail que se forment
les épargnes et que s'opèrent tous les placements en fonds
publics comme en immeubles.

Les Anglais comprendront un jour que hausser l'escompte, c'est diminuer d'autant le profit que les manufacturiers nationaux pourraient retirer d'un surcroît de production et d'exportation, surcroît indispensable cependant
pour payer à l'étranger l'or dont la Banque attend le
retour.

Si les Anglais ne s'étaient jamais trompés, on pourrait
hésiter, malgré l'évidence des faits, à croire qu'un si vaste
marché, une masse si imposante d'opérations, puissent
reposer sur des principes erronés; mais ils nous ont
donné quelquefois l'exemple d'erreurs poursuivies avec
persévérance, et, il faut le reconnaître aussi, plus d'une fois
ils en sont revenus avec courage et loyauté.

Prenons en cette circonstance, par la réforme de notre
système de banque, qui est d'importation anglaise, l'initiative d'un progrès que nos voisins s'empresseront d'accomplir chez eux, quand ils auront pu en constater chez
nous les heureux effets.

L'erreur dans laquelle ils sont tombés sous ce rapport
est palpable, elle est manifeste, et la plus simple analyse
suffit pour démontrer le vice du système sur lequel repose
leur organisation de crédit.

Jamais, dans la lutte gigantesque entreprise par toutes
les aristocraties de l'Europe contre la Révolution française,
la Banque d'Angleterre n'aurait suspendu ses payements

en espèces si, dès l'époque de sa fondation, elle n'avait fait
à l'État le prêt de l'intégralité de son capital.

C'est là l'origine de tous les embarras qu'a éprouvés la
circulation de la Grande-Bretagne.

L'emploi en rentes du capital de la Banque de France
est également la source des nôtres ; et nous avons prouvé
par des chiffres (1) que, si ce capital avait été disponible
en 1848, on n'aurait pas eu besoin de recourir au cours
forcé.

Aussi, la mesure la plus utile que pourrait prendre le
gouvernement, dans les circonstances actuelles, serait
avant tout de faire cesser pour la Banque de France l'emploi momentané qu'elle a dû faire en rentes des 100
millions de son nouveau capital, puis de s'entendre avec
cet établissement pour ajouter au montant du nouvel emprunt à émettre toutes les rentes qu'il possède.

Cet emprunt, qui se fera nécessairement par voie de sous-
cription publique, suivant l'usage adopté en France sous
le gouvernement actuel, attirera à Paris, de toutes les
parties du territoire, le numéraire dont on éprouve le besoin ; dans ce système d'émission, il y aurait d'autant moins
d'inconvénient à en élever le chiffre de 100 ou 150 millions, que l'addition de cette nouvelle somme irait di-
rectement dans les caisses de la Banque, où elle servirait à

_____

(1) Voir plus haut la note insérée, page 82.

augmenter le capital destiné aux escomptes et aux avances
sur actions et fonds publics.

Une pareille mesure serait grosse des conséquences les
plus heureuses.

A la gêne qu'éprouvent aujourd'hui toutes les transactions
succéderait un état de liberté et d'abondance.

L'intérêt ne tarderait pas à s'abaisser jusqu'au taux
des meilleurs jours de cette grande époque financière de
1852, dans laquelle le travail national avait pris un si mer-
veilleux essor.

A la seule espérance d'une pareille disposition, le 3 0/0,
descendu récemment à 67 francs, se relèverait immédiatement de cette dépression que l'élévation de l'escompte lui
a fait subir et l'amélioration du cours des fonds publics réagirait par avance sur le prix d'émission du prochain
emprunt.

Et, si le gouvernement anglais, faisant violence à son respect superstitieux pour de vieux usages, pour d'anciennes
pratiques, prenait de son côté, à l'imitation de la France,
la résolution de rembourser à la Banque d'Angleterre,
moyennant des conditions à débattre, le capital de 350 millions qu'il lui a emprunté, qui pourrait dire les développements heureux que prendrait alors le crédit public et
privé ?

Au lieu d'imiter et de suivre servilement l'Angleterre dans

le système financier qu'elle a adopté, système qui repose sur un principe erroné, nous lui servirions d'exemple, et nous lui aurions tracé la voie dans laquelle elle ne tarderait pas à marcher ; et, lorsque les Banques de France et d'Angleterre auraient rendu leurs encaisses métalliques inattaquables, la circulation fiduciaire de l'Europe serait assurée, la liberté du commerce serait une vérité, et le lien financier et commercial des peuples serait établi sur des bases tellement solides que la politique pourrait sans crainte inaugurer l'ère de prospérité et de paix que l'Empereur a voulu fonder en invitant tous les souverains à se réunir en congrès.

XI

Des crises en France. — Remède qu'y peut apporter une nouvelle Banque d'émission.

Après avoir apprécié à leur juste valeur les moyens que la Banque de France emploie pour ramener le numéraire dans ses caisses, il faut se rendre compte de ce qui se passe réellement dans les circonstances les plus graves qui l'ont jusqu'à ce jour autorisée à y recourir.

On a souvent exposé comment certaines opérations ordinaires du commerce, comme l'achat des grains, de la soie, du coton, nécessitaient des exportations d'espèces que la suite même de ces opérations faisait rentrer.

Mais il est d'autres besoins qui éclatent d'une manière inattendue, et dont les causes et les résultats, également obscurs, frappent les masses d'une terreur superstitieuse.

Ce sont les crises.

Il est utile d'en expliquer la véritable cause, de montrer que la Banque de France, par les mesures qu'elle emploie, les aggrave, quand elle ne les provoque pas, et que, pour y porter remède, il est indispensable d'ajouter un nouveau rouage à nos institutions de crédit.

Il n'existe pas de phénomène économique qui ait été l'objet d'observations plus persévérantes et d'un examen plus approfondi que celui des crises commerciales et financières.

Depuis un siècle, l'Angleterre a fait enquête sur enquête à ce sujet. Les meilleurs esprits se sont occupés de la question dans les années fatales de 1763, 1783, 1793, 1797, 1825, 1847 et 1857. Après tant d'occasions d'étudier la matière au vif et les nombreux débats que ces enquêtes ont amenés, il n'y a pas lieu de s'étonner que les opinions soient fixées.

On reconnaît aujourd'hui que toute crise commerciale est le résultat d'une raréfication, sur un point déterminé, du numéraire métallique ou de ce qui en tient lieu.

Les crises politiques elles-mêmes n'entraînent, quand elles se prolongent, que des liquidations douloureuses sans doute, mais non suivies d'une ruine universelle, si le marché continue d'être approvisionné de la quantité d'espèces ou de billets de Banque qui lui est nécessaire pour ses transactions.

Les embarras partiels ou locaux ne prennent les proportions d'une crise que dans le cas où les négociants ne trouvent pas dans le service des Banques les moyens exceptionnels de payement dont ils ont momentanément besoin et se trouvent réduits à réaliser à vil prix leurs marchandises, leurs valeurs mobilières ou immobilières.

Il ne s'agit jamais, au début d'une crise, que des besoins extraordinaires qui se produisent à certaines époques de l'année, de l'ouverture subite d'un nouveau marché, de fausses manœuvres de la part de la spéculation, ou bien de la mauvaise récolte d'une denrée d'un usage très-étendu. Les besoins ou le désordre étant spéciaux à un genre de commerce ou de production, c'est aux Banques à étendre leur crédit de manière à donner les facilités nécessaires et à rendre moins onéreuse la liquidation des pertes. Assistées de leur conseil d'escompte, elles possèdent toutes les lumières nécessaires pour apprécier les situations et repousser de leurs portefeuilles les effets de complaisance.

On peut affirmer que, lorsque la gêne et les pertes cessent d'être circonscrites et qu'elles envahissent les principaux marchés, la faute en est, soit à la mauvaise constitution, soit à la mauvaise administration des Banques.

Aussi ne doit-on pas être étonné que, dans un pays de pleine liberté comme l'Angleterre, les admonitions les plus sévères soient adressées à son premier établissement de crédit.

La constitution donnée à la Banque d'Angleterre par sir Robert-Peel en 1844, constitution que deux fois déjà on a été obligé de suspendre, et la conduite de cette Banque pendant plusieurs des crises qui ont éprouvé le marché anglais, sont en ce moment même l'objet de critiques qui ne vont à rien moins qu'à mettre en question la capacité même des administrateurs, jusqu'à proposer de leur retirer leur mandat (1).

De pareilles critiques sont injustes en tant qu'elles s'adressent aux directeurs, elles ne devraient porter que sur l'institution.

Mais cela n'en indique pas moins un mouvement très-sérieux de l'opinion publique dans le sens de la nécessité d'une réforme.

Chez nous, plus encore qu'en Angleterre, toutes les crises qui ont été le résultat d'une perturbation intérieure ou le contre-coup d'un désordre dans la production et les échanges des marchés étrangers, auraient pu être, ou complétement évitées, ou du moins grandement atténuées, si la Banque de France avait été fidèle à ses statuts et à la règle de conduite qui lui fut primitivement tracée et si, dès que le besoin s'en est fait sentir, on avait perfectionné et complété notre système de crédit et de circulation.

C'est que, au fond de ces malaises passagers, ainsi qu'on le reconnaît universellement aujourd'hui, il n'y a réellement qu'un déficit accidentel et passager de numéraire dans les caisses de la Banque, alors que nous en regorgeons dans le pays.

La crise, en France, c'est toujours la situation de

_____

(1) *Dictionnary of political economy*, M. H.D. Macleod, page 647.

l'encaisse de la Banque qui la fait, parce que son capital
n'est pas liquide, et parce que, n'opérant qu'avec les capitaux du public, dès que le public retire ses capitaux,
elle est frappée d'impuissance, et ne voit d'autre remède
que celui d'une réduction plus ou moins importante de ses
avances au moyen de l'élévation de l'intérêt.

Non-seulement le numéraire abonde dans le pays, mais
le caractère éminemment circonspect de nos entreprises
industrielles et commerciales n'offre aucun élément de panique. Il serait donc toujours facile de rassurer le marché
français, et de le tenir abondamment pourvu d'instruments
de production.

En Angleterre et aux États-Unis, il n'en est pas ainsi.

Là, les transactions s'accomplissent par des procédés plus
économiques que la monnaie d'or et d'argent. La nation
n'emploie qu'une quantité de métaux précieux relativement très-faible.

Les Anglais et les Américains, se rendant compte de
l'état de choses qui leur est propre et de ses effets inévi-
tables, se résignent à ces fluctuations dans le taux de
l'intérêt dont nous avons le moyen de nous garantir, et
dont nous nous étions garantis, en effet, jusqu'à ces derniers temps. Moins heureux que nous, l'Angleterre et les
Etats-Unis n'ont à leur disposition que le remède empirique
et sinistre de la hausse de l'escompte.

Mais, si le commerce anglais ou le commerce américain se

trouvait tout à coup transporté dans un pays comme le nôtre, ses Banques se garderaient bien de recourir à de pareilles mesures. Elles sauraient s'ingénier pour attirer dans leurs caisses les espèces circulantes dans le pays, et il n'en faudrait pas davantage, probablement, pour qu'elles évitassent la plupart des crises.

Il est cependant des perturbations d'une nature exceptionnelle et toutes spéciales au génie anglais, que rien ne domine. De celles-là, nous n'en pouvons souffrir que par contrecoup et dans de faibles proportions.

L'Angleterre, depuis près de deux cents ans, vit dans un état de paix politique et sociale non interrompu, tandis que nous, nous sortons à peine des révolutions et du règne des assignats.

Dans les affaires, nous sommes timides, prudents et circonspects à l'excès. Le caractère de nos voisins, au contraire, c'est l'audace poussée jusqu'à l'esprit d'aventure. Cette fougue, qui n'a pas trouvé de diversion sur le terrain des événements politiques, s'est tournée vers la spéculation commerciale. Le commerçant ou le capitaliste anglais, qui dans les relations de la vie privée semble d'humeur si froide, peut, sur le terrain des affaires, passer toutes les bornes, et, par une confiance exagérée dans ses forces et dans son étoile, courir des risques que le Français n'affrontera jamais.

On a spéculé chez nous sur les terrains, sur les valeurs de Bourse. Les mécomptes n'étaient jamais que des anticipations d'un surplus de valeur réel. Tous les prix, tous les cours que poursuivaient les spéculateurs, ont été atteints.

Quant à l'exagération prétendue de la production, il y a longtemps que Jacques Laffitte en a fait justice ; et de nos jours, plus encore que de son temps, il serait insensé et odieux de prétendre modérer l'essor libre de l'industrie et d'en restreindre la fécondité, en face des privations auxquelles l'insuffisance des produits condamne le grand nombre, désormais en possession des droits politiques.

Il faut en revenir aux vrais principes et à la réalité des faits.

La production et le développement des forces productives sont loin de répondre aux besoins de la société moderne.

La France est très-riche en numéraire. Et cependant,

par une étrange anomalie, c'est la raréfaction du numéraire à un moment donné qui est la cause de toutes les crises.

Cette situation exige donc plus impérieusement que jamais que la Banque de France ait son capital intégral réalisé en espèces et engagé dans ses opérations.

Et comme elle ne peut suffire aux besoins nouveaux qui se manifestent sur tous les points du territoire, dans tous les ordres de travaux et dans toutes les conditions, que la nature de ses opérations, ses idées en matière de circulation s'y opposent, il devient indispensable de créer

13

à côté de la Banque de France un établissement en possession comme elle du droit d'émettre une monnaie fiduciaire, qui l'oblige à abaisser ses escomptes, en appliquant, au moyen des petites coupures, le numéraire des petites bourses aux opérations favorables au grand nombre, et qui devienne ainsi un principe d'émulation pour tous les progrès ultérieurs de la Circulation et du Crédit.

XII

**Récapitulation. — Origine et vrai caractère du monopole
actuel de la Banque de France.**

Nous allons entrer tout à l'heure dans l'examen des
remèdes à apporter à la situation. Résumons d'abord les
faits qui l'ont amenée, rappelons les diverses phases par
lesquelles l'organisation du crédit a passé en France
avant d'en venir au point où nous la voyons, et précisons
la part de mérite et de responsabilité qui revient à chacun
dans les diverses combinaisons auxquelles on a eu successivement recours.

En 1800, le Premier Consul fonde la Banque de France
et constitue son fonds social avec l'argent des contribuables.

Pendant trois ans, il existe dans la capitale plusieurs
établissements semblables investis des mêmes droits.

En l'an XI, on fusionne les établissements parisiens, en ré-
servant et en consacrant en faveur des centres de la province
le droit de former aussi des Banques indépendantes. Les
articles 31 et 32 de la loi règlent le mode d'autorisation de
ces établissements et l'émission de leurs billets, qui jouis-
sent de la faculté d'être des coupures inférieures à celles de
la Banque de France.

Le principe de la *pluralité des Banques* est respecté par la loi de 1806, qui crée un gouverneur et deux sous-gouverneurs, et porte le capital de la Banque de France à 90 millions.

Ce capital doit toujours rester liquide. L'article 5 de la loi de 1806 et l'article 17 des nouveaux statuts fondamentaux *n'autorisent la Banque à placer en valeurs immobilières que ses bénéfices, formant son fonds de réserve.*

En 1810, un décret crée les comptoirs d'escompte; et, en même temps, l'Empereur, définitivement éclairé sur les dangers du monopole, promet aux délégués du commerce français des BANQUES LOCALES, destinées à introduire les bienfaits de l'initiative libre et de l'émulation dans notre système de Circulation et de Crédit.

Ces Banques locales sont successivement instituées dans neuf villes. Elles prospèrent; elles émettent les petites coupures, réglées par les lois de l'an XI et de 1806. Elles font pour 800 millions d'affaires en 1847.

La Révolution de février éclate. La Banque de France ne voit de salut que dans le cours forcé. M. Garnier-Pagès pense que l'adoption du cours forcé serait moins rapide, moins décisive, avec la variété des émissions. Les Banques départementales sont absorbées par la Banque de France, sans cependant qu'il résulte des termes dans lesquels l'acte d'absorption est formulé que le principe de leur existence soit anéanti.

C'est cette destruction de notre système national de cir-

culation et de crédit, en mars 1848, par le gouvernement
de l'Hôtel de ville, qui a engendré et qui fait vivre, depuis
quinze ans seulement, le monopole de la Banque de
France, qui ne repose sur aucune loi, car l'article 32 de la
loi de l'an XI n'a jamais été abrogé et est encore aujour-
d'hui par conséquent en vigueur.

Produit du hasard, ce monopole de fait, résultant de la
fusion des Banques départementales, est apparu au milieu
des ruines du Trésor, des grandes compagnies, de l'industrie
et du commerce, comme un expédient qui promettait de
faciliter le sauvetage universel.

Le gouvernement de Napoléon III a respecté cet écha-
faudage improvisé de la République. Par deux fois il en a
prolongé l'existence. Il a accru ses priviléges. Il s'est laissé
entraîner à autoriser sinon à prescrire l'immobilisation
du capital de la Banque ; mais cette immobilisation ne serait conciliable qu'avec le cours forcé, pis-aller auquel les
Anglais ont pu se résigner pendant vingt ans, et dont
le souvenir leur revient amèrement chaque fois que le
cabinet est obligé de relever la Banque d'Angleterre de
ses obligations.

Ce système de résignation et d'asservissement à l'une des
œuvres révolutionnaires les plus opposées aux saines traditions des gouvernements réguliers a atteint sa dernière
limite dans la loi de 1857.

Grâce à cette loi, le capital de la Banque, qui devrait être

liquide et toujours engagé dans ses opérations, est INTÉ-
GRALEMENT IMMOBILISÉ en dehors de ses opérations.

Son capital, en effet. est de . . . . 182,500,000 fr.

Ses réserves montent à . . . . 28,422,253 »

Total . . . . 210,922,253 fr.

Elle possède en portefeuille :

Bons du Trésor sans intérêts . . . . 60,000,000 fr.
Rentes immobilisées en vertu de la loi
de 1857 . . . . 100,000,000 »
Les autres rentes acquises s'élèvent à. 51,205,870 »
Ensemble des emplois en rentes et
bons du Trésor immobilisés . . . . 211,205,870 fr.

c'est-à-dire que les sommes immobilisées par la Banque
excèdent même la totalité de son capital.

Ajoutons encore à ces immobilisations, qui dépassent déjà
la totalité de son capital, celle d'une somme de 10,063,271 fr.
employée en acquisition d'immeubles pour son hôtel et
pour le siége de ses succursales.

Réduite ainsi aux seules ressources que le public lui
confie ou lui reprend, selon ses besoins, la Banque voit sa
propre solvabilité à tout instant mise en question. Dans un
perpétuel état de vertige et de perturbation, elle ne se croit
en équilibre que lorsque tout se déplace et chancelle autour
d'elle.

Elle n'avait été fondée que pour abaisser le taux de l'intérêt ; aujourd'hui elle use et elle abuse du droit de l'élever sans limite.

Les lois de l'an IX et de 1806, les promesses de l'Empereur réalisées par l'établissement successif de neuf Banques départementales, avaient doté la France d'un système progressif de crédit et de circulation.

Désormais, absence absolue d'émulation et de progrès.

La Banque est seule. — Monopole unique dans l'État, monopole d'autant plus dangereux que les intérêts de la paix et de la guerre en dépendent, cette énorme machine construite à la hâte en 1848, comme un radeau au milieu d'une tempête, manœuvre aujourd'hui par les plus beaux temps lourdement, péniblement, toujours prête à tirer, en pleine prospérité, le canon d'alarme, et entretenant dans les esprits la pensée qu'au moindre nuage politique, et même par le seul effet d'une extension de nos achats au dehors, elle nous ramènera au cours forcé qui lui a donné naissance.

Tel est l'état de choses que perpétue la loi de 1857. Cette loi depuis six ans est jugée par ses œuvres. Elle ne peut être maintenue.

La seule question à résoudre est celle de savoir comment on remédiera à cette situation.

XIII

Nouvelle situation. — Lacune à combler dans nos institutions de Crédit.

Ici l'on est obligé de reconnaître que l'extension du capital de la Banque de Savoie peut aplanir bien des difficultés.

Si le Gouvernement n'avait en face de lui que la Banque de France, il pourrait sans doute exercer sur elle, comme l'a dit son gouverneur actuel, la plus grande des autorités, celle du conseil (1).

Avec la Banque de Savoie, fonctionnant sous ses yeux, il y joindra l'exemple.

---

(1) Dans l'unique séance du Corps législatif où fut discutée la loi de 1857, un membre s'étant effrayé de voir l'État abandonner encore pour quarante ans un monopole aussi important à un établissement dont les statuts n'avaient réalisé aucun progrès depuis un demi-siècle, et ayant proposé de réserver au Gouvernement le droit de modifier ces statuts à une époque déterminée, M. Vuitry, commissaire du Gouvernement, a répondu : « Si l'avenir révélait l'utilité de certaines « combinaisons nouvelles, rien ne s'opposerait à ce qu'elles fussent adoptées « d'un commun accord... Pour que des modifications utiles puissent être admises, « il n'est pas nécessaire de réserver à l'État le droit de reviser les statuts de la « Banque à une époque fixe. Le Gouvernement exerce toujours sur cet établis- « sement l'autorité la plus légitime de toutes, l'autorité du conseil : il lui sera « toujours facile d'amener la Banque à adopter des mesures reconnues bonnes « et profitables. » *Moniteur.* — 30 mai 1857

14

Le double principe de cette Banque est la baisse de l'intérêt et l'application de son capital-espèces au service de sa circulation fiduciaire. Le Gouvernement sera justifié d'exercer une pression morale sur la Banque de France, pour l'engager à entrer dans la même voie. La Banque de Savoie ne deviendra pas seulement un élément précieux d'émulation ; en remplissant la lacune qui existe dans nos institutions de crédit, elle facilitera les opérations mêmes de la Banque de France, elle lui rendra le retour au principe et aux devoirs de sa mission plus facile et moins onéreux, elle ramènera enfin le numéraire dans ses caisses et dans celles de ses succursales.

C'est là le plus grand des services que soit appelée à rendre à sa nouvelle patrie la Banque de Savoie.

Nous voici parvenus à la moitié de notre tâche. L'importance de notre richesse métallique et l'impossibilité d'en tirer parti caractérisent nettement, en effet, la lacune qui se manifeste dans nos institutions de crédit.

Cette lacune n'existait pas, nous l'avons dit, ou plutôt elle a été insensible jusqu'au rétablissement des institutions impériales.

En 1843, l'argent affluait dans les centres ; la Banque de France pouvait prêter 50 millions à la Banque d'Angleterre.

En 1846 et 1847, elle faisait face aux payements des grains importés à la suite de mauvaises récoltes.

Aujourd'hui il n'en pourrait plus être ainsi.

Nous sommes entrés dans une ère nouvelle.

La situation politique et économique de la France ne ressemble, sur aucun point, à ce qu'elle était dans les dernières années qui ont précédé la Révolution de 1848.

Les électeurs à 200 francs sont remplacés par le suffrage universel ;

Un Gouvernement nouveau a été fondé. Habile à reconnaître la voie que recommande l'esprit de la civilisation moderne, il s'est donné la tâche de favoriser l'avénement pacifique de la démocratie. Il a imprimé à toutes les branches de l'activité nationale une impulsion qui fait aujourd'hui du marché français le premier marché du monde ;

Les chemins de fer, qui commençaient à peine, rayonnent sur tout le territoire ;

Les prohibitions et les droits protecteurs sont remplacés par la liberté du commerce et les tarifs successivement réduits ;

La masse des transactions et l'importance de la fortune mobilière ont décuplé ;

Enfin, la masse d'espèces circulantes, comme nous le verrons tout à l'heure, a été portée de 2 milliards 1/2 à plus de 5 milliards.

Cet ensemble de causes, en multipliant les affaires et en

offrant à la démocratie une perspective où, en échange
d'un travail opiniâtre, elle doit trouver des ressources en
rapport avec ses besoins raisonnables et son ambition
légitime, a rendu sensible au plus haut degré la lacune existant dans nos institutions de crédit.

Elle consiste :

1° En ce que la quantité innombrable de transactions
qui n'ont nul besoin de la garantie supplémentaire des
banquiers ne peut s'appuyer sur un grand établissement
animé de l'esprit de progrès, ayant dans le développement
du commerce et des travaux publics et dans la comman-
dite de la petite industrie la confiance qu'ils méritent, et
appropriant son mécanisme, ses règles, ses procédés, à
leurs opérations et à leurs besoins ;

2° En ce que, dans l'état actuel des choses, l'action bien-
faisante que devrait produire la réduction de nos tarifs
est paralysée, parce que le placement du trop plein de
notre richesse métallique à l'étranger, contre une valeur
équivalente en matières premières et en produits de nature à alimenter nos fabriques, n'est pas seulement une
question de bon marché ; c'est encore une question de
circulation fiduciaire.

Les possesseurs du numéraire ne consentiront à s'en dessaisir que s'ils trouvent à leur portée des moyens de recettes et de payements préférables à l'or et à l'argent, tels
que comptes courants, chèques, billets de Banque, obligations à terme.

Pour que ces moyens économiques d'échange, destinés
à remplacer au profit des petits industriels l'usage des
espèces, soient acceptés par eux, la circulation fiduciaire
doit cesser d'être le monopole d'une Banque unique ; il
faut qu'à côté de la Banque de France une autre Banque,
armée des mêmes moyens, créée en vue de favoriser les
intérêts du grand nombre, applique ces nouveaux agents de
la circulation aux besoins des localités éloignées des centres, et en tout lieu aux petites bourses, en pratiquant les
opérations suivantes :

L'escompte des billets à deux signatures ;

Les crédits ouverts aux Sociétés coopératives, encourageant à la mutualité ;

Les facilités réclamées par les Compagnies de chemins de
fer pour l'exécution à bon marché des réseaux productifs
d'un intérêt médiocre ;

Les avances aux communes et aux associations de corps
d'état pour le développement de la salubrité, de l'enseignement professionnel et du crédit agricole.

La Banque de France ne peut rien dans cette direction.

En signalant son insuffisance, on comprend que notre
idée n'est pas d'amoindrir le domaine où fonctionne ce
grand établissement et l'utilité des opérations qu'il y accom-
plit avec l'aide des banquiers.

Le rôle des banquiers, comme intermédiaires d'une

classe très-importante de producteurs, est loin de toucher à
sa fin. La Banque de France, comme haut syndicat des
banquiers et du Trésor, exercera toujours, par sa force acquise et qui doit s'étendre encore dans la suite des cinquante
années d'existence que lui assure son privilége, une influence considérable sur le marché.

Mais, quelque grands que soient les services qu'elle rend,
si la Banque de France devait jouir seule du droit d'émettre
la monnaie fiduciaire, le fait de réserver ainsi, par privilége exclusif, un aussi grand bienfait aux transactions qui
peuvent supporter la charge d'une troisième signature,
serait en contradiction avec les tendances de l'époque,
avec le développement démocratique du crédit et des affaires,
avec les conditions fondamentales aujourd'hui de l'ordre
social, avec la politique même du Gouvernement.

La tête du commerce appliquerait exclusivement à ses
besoins un capital créé par la confiance de tous, en
interdisant au grand nombre de l'accroître pour son propre
usage.

Le crédit dont jouit la Banque de France reposant sur
la garantie des trois signatures, et les coupures des billets
qu'elle affectionne ne pouvant pénétrer dans les petites
bourses dont l'ensemble détient la majeure partie de notre
numéraire métallique, quoique chacune d'elles n'en renferme qu'une bien modeste parcelle, la Banque, même
avec la libre disposition de son capital, serait impuissante
à attirer à elle ces écus qui surabondent en France, et par-

viendrait tout au plus à maintenir son encaisse au niveau de ses propres besoins.

Il en résulterait un grave préjudice dans toutes les parties de l'atelier national.

Reconnaissons-le. — Tant que la Banque sera seule chargée d'émettre, à des conditions inabordables pour les transactions populaires, la monnaie fiduciaire, unique ressort qui puisse réduire l'intérêt et mettre en valeur le numéraire que possèdent, par fractions minimes en quotité, mais innombrables en quantité, les masses populaires, il y aura une lacune à combler dans nos institutions de crédit.

Et cette lacune ne sera comblée qu'au moyen d'un partage d'attributions entre la Banque de France et un nouvel établissement de crédit, chargé de tous les services que l'organisation de celle-là ne peut rendre au public, et admis comme elle au partage de la monnaie fiduciaire.

XIII

Mise en valeur de la richesse métallique. — Rôle des Banques d'émission.

Le crédit est le principal agent de la richesse : c'est par lui que les capitaux, dont le travail accroît la valeur en les appropriant aux besoins de la vie, passent des mains de ceux qui les possèdent sans en faire usage dans les mains de ceux qui les emploient et les fécondent.

Cette explication, quand elle est donnée à une personne du monde, provoque à l'instant cette question :

Il y a donc des capitaux qui ne sont pas susceptibles d'être appropriés aux besoins de la vie, et dont la valeur n'augmente pas en passant par la main de celui qui les emploie?

Oui : ces capitaux sont l'or et l'argent à l'état de monnaie.

N'étant pas productifs par eux-mêmes d'une plus-value, et ne laissant aucun profit dans la main de celui qui les possède, l'intérêt du négociant est d'en avoir le moins possible dans sa caisse et de leur substituer des moyens de recette et de payement, ou des moyens d'épargne plus avantageux.

15

L'intérêt du peuple est le même que celui du négociant, et le crédit n'est complétement organisé pour remplir son objet, qui est de distribuer les capitaux de la manière la plus favorable à leur accroissement, que s'il mène de front :

— Le perfectionnement des titres de placement ;

— Le perfectionnement des titres de circulation.

Le moyen le plus efficace de perfectionnement, en toutes choses, c'est l'émulation.

L'émulation est l'âme même des sociétés modernes, le principe et la source de toutes leurs conquêtes. C'est par l'application d'efforts, indépendants les uns des autres, à un même but, que le progrès est obtenu dans toutes les directions.

Par les droits constitutionnels, et notamment par le droit de suffrage, et par la presse, le public tout entier est appelé à participer à la direction imprimée aux actes du Gouvernement.

Le pouvoir, lui-même, est divisé en législatif et exécutif.

Deux tribunes, indépendantes l'une de l'autre, entretiennent l'émulation entre les corps délibérants.

Un principe d'émulation a été introduit :

Dans l'éducation, par les écoles privées que chacun peut librement ouvrir à côté de l'Université ;

Dans la religion et l'enseignement supérieur de la loi

morale, par la liberté de tous les cultes également salariés
par l'État;

Dans la justice, par les tribunaux consulaires et par les ar-
bitrages auxquels il dépend des plaideurs de donner la
même autorité qu'à la magistrature.

Nous voyons également les assurances et les transports
se perfectionner par la compétition des compagnies et par
la concurrence que font aux chemins de fer les canaux et
le cabotage.

L'organisation même du travail s'améliore journelle-
ment par les exemples de justice et de prévoyance que l'industrie publique offre à l'industrie privée dans ses rapports avec les classes ouvrières.

Ainsi, tout dans la Société et dans l'État est constitué
pour le progrès par le moyen de la concurrence; et il
n'existe qu'un établissement qui fasse exception, la Banque
de France.

Seul, et faisant disparate avec les autres rouages politiques et sociaux, comme la vieille machine de Marly il y a
quelques années, notre système de Banques reste organisé
en vue de l'immobilité et de la routine.

Est-il sage, est-il possible d'ajourner encore cette réédification ?

Une seule Banque est chargée aujourd'hui d'émettre la
monnaie fiduciaire, comme autrefois l'État était seul chargé

d'émettre les certificats de rente, seuls titres de placement.

L'Etat a consenti à partager le marché de la rente avec les compagnies de chemins de fer en les autorisant à émettre des obligations, et, pour que la concurrence fût plus complète, il a attribué à celles-ci le bénéfice de sa propre garantie.

Le monopole de la Banque de France sera-t-il plus respecté que celui dont jouissait l'Etat ?

Les travailleurs seront-ils moins favorisés que les capitalistes ?

Après avoir recueilli de si grands avantages de la pluralité des forces motrices et de l'indépendance des initiatives dans toutes les branches de l'activité politique, économique et sociale, nous en tiendrons-nous au monopole, en matière de Banques ?

Nous cherchons vainement les raisons pour lesquelles on persisterait à perpétuer cette anomalie, qui ne peut s'appuyer ni sur les principes, ni sur l'expérience, ni sur la tradition, ni sur le droit.

Existe-t-il un grand pays où l'on se soit applaudi d'avoir confié la distribution et le perfectionnement de la monnaie fiduciaire à un seul établis sement?

Et, chez nous-mêmes, ce genre de monopole a-t-il reçu la consécration du temps?

Depuis quand les billets de la Banque de France cir-

culent-ils seuls dans toutes les parties du territoire? Depuis
quand ont-ils entrepris de suffire aux besoins des transactions si diverses et des centres de travail si éloignés les
uns des autres, d'une population de trente-huit millions
d'âmes?

Depuis quinze ans seulement. Et c'est depuis cette époque que nous voyons se succéder les crises et les embarras
monétaires.

C'est dans les jours les plus troublés de la Révolution de
Février que le gouvernement provisoire a eu recours à
l'unité de circulation, non comme à un principe, à une
solution définitive, mais comme à un expédient, qui parais-
sait devoir faciliter l'adoption du cours forcé, auquel la
Banque de France se voyait ou se croyait obligée de recourir provisoirement, par l'effet de la panique sans exemple
à laquelle s'abandonnait un public désorienté, et par l'effet
non moins prononcé de la non-disponibilité de son capital.
La Banque de France, n'ayant pas son capital liquide,
était menacée de ne pouvoir rendre au public l'argent qu'il
lui avait confié. Il fallait attribuer temporairement au billet,
devant la loi, la valeur des espèces. Il y avait unité de
monnaie; on crut que le billet serait plus facilement accepté
comme argent dans les transactions, s'il y avait unité de
billet.

Tel fut l'unique motif de la fusion des Banques départementales dans la Banque de France, fusion dont celle-ci ne se
souciait pas et qu'elle eût voulu éviter, ainsi que M. d'Argout
l'a constaté dans son *Compte rendu* des opérations de 1848.

La Banque de France ne tenait nullement à ce que son billet circulât seul dans les 86 départements ; elle redoutait au contraire cette extension qui allait accroître sa responsabilité, et, dans son opinion, réduire ses dividendes, dont le chiffre avait jusque-là suivi une progression ascendante.

Est-ce qu'avant 1848 il était résulté le moindre inconvénient du fonctionnement simultané de la Banque de France et de neuf Banques départementales émettant comme elle une monnaie fiduciaire ? Est-ce qu'aucune caisse, ayant l'intelligence des affaires, refusait un billet au porteur, remboursable à vue en espèces, de la Banque de Lyon, de Rouen, de Marseille, de Bordeaux, de Nantes, de Lille, du Havre, de Toulouse ou d'Orléans ?

L'encaisse de ces Banques, comparé à leur circulation, était dans une bien meilleure situation que l'encaisse de la Banque de France.

La moyenne des deux chiffres, pour les neuf Banques, montait à :

Billets en circulation......... 79,713,000 fr.
Espèces en caisse............ 39,284,000

Les opérations d'escompte et d'avances de ces neuf Banques d'émission s'étaient élevées,

En 1847, à............. 851,598,000 fr.

Les neuf Banques départementales étaient animées à un degré remarquable de l'esprit de progrès. Centres d'action indépendants, distribués sur toute la surface du territoire, et en communion plus intime avec les intérêts qu'elles fécondaient, ces Banques étaient exclusivement préoccupées de réduire l'escompte et d'accroître les facilités offertes au commerce.

Si, avant 1848, ces neuf établissements indépendants de la Banque de France se fussent rapprochés et concertés, et qu'au moyen d'un syndicat, centralisant leurs opérations dans la capitale, ils eussent perfectionné leurs rapports entre eux et le public par l'unité de circulation et un système de mandats de Banque à Banque, analogue à celui qui a été introduit depuis dans les rapports de la Banque de France et de ses succursales, cette organisation eût accru considérablement l'importance des Banques locales ; elle leur eût permis de mettre les bienfaits du crédit et de la circulation fiduciaire à la portée de toutes les parties du territoire ; elle eût rendu les plus signalés services, non-seulement au pays, mais à la Banque de France elle-même, en introduisant l'usage du billet de Banque dans des contrées reculées où, malgré ses cinquante et une succursales, la Banque de France ne peut pas réussir, aujourd'hui encore, à faire pénétrer ses billets.

Les Banques départementales eussent ainsi ramené le numéraire des extrémités au centre et rendu impossibles ces crises factices, causées uniquement par les vices et l'insuffisance d'une circulation unique, à laquelle Paris seul donne son cachet, et qui est loin de répondre aux besoins du plus grand nombre.

Cette organisation eût réalisé l'idée très-juste, très-pratique de la loi de l'an XI (1803), idée que Napoléon Ier avait proclamée sienne en 1810. Elle eût accompli la promesse solennelle qu'il avait faite aux délégués des négociants des départements.

Les Banques d'émission locales auraient centralisé leurs rapports et la fabrication de leurs billets sous l'œil du Gouvernement.

Il y aurait eu, en France, deux circulations fiduciaires, le billet de la Banque de France et le billet des Banques départementales.

Une division de services se serait opérée entre les deux circulations, et, remplissant des fonctions diverses, elles eussent satisfait à tous les besoins du marché.

Les statuts de la Banque de Savoie la mettent en mesure de doter le pays de cette organisation supplémentaire du crédit et de la circulation dont la France est privée depuis que, dans le seul intérêt du cours forcé, la République a fait disparaître les Banques départementales.

L'intervention de la Banque de Savoie et le développement de ses succursales réussiraient ainsi à placer le commerçant français sur un pied d'égalité avec le commerçant anglais, et la France pourrait mettre en valeur l'immense quantité de métaux précieux qu'elle emploie improductivement comme numéraire.

XIV.

Importance de la question du numéraire.

A la mise en valeur de notre richesse métallique se rattachent les plus grands intérêts industriels de la France,

D'une bonne distribution du numéraire dépend la bonne distribution des capitaux utilisables, denrées, matières premières, marchandises de toute sorte; et c'est la circulation facile ou difficile, économique ou coûteuse, de ces capitaux, qui règle les destinées de la production.

C'est donc en vue de la bonne distribution de ces capitaux que les Banques devraient régulariser et perfectionner la circulation monétaire et fiduciaire dont elles disposent; et c'est au contraire par l'initiative et dans l'intérêt mal compris de ces établissements qu'ont lieu toutes les perturbations du marché.

On peut dire avec vérité que les Banques jouent dans l'ordre économique le rôle que jouent dans l'ordre politique les chancelleries. Le problème que soulève la situation industrielle de l'Europe est le même que celui que l'Empereur a signalé dans la situation des peuples et des Etats.

Quelles craintes, quel malaise, quels désordres ne font

16

pas éclater, à tout instant, dans les ateliers et les chantiers de tous les peuples, l'ignorance, l'égoïsme, les fausses mesures de leurs établissements financiers ! Quelles dépréciations subites de toutes les fortunes ! Quel temps d'arrêt dans toutes les entreprises ! Par quels efforts, par quelles combinaisons, parviendra-t-on à faire cesser cet état de perpétuel bouleversement ? Et comment espérer qu'une entente, qui est dans l'intérêt de tous, établisse l'harmonie et l'ordre dans ce chaos ?

Heureusement, sur ce terrain comme sur celui des événements politiques, la France, maîtresse de ses propres destinées, se trouve placée dans une position exceptionnelle.

Elle ne dépend de personne et toutes les nations dépendent d'elle. Sa richesse métallique est égale à sa force morale et à sa puissance militaire. Pour gouverner l'industrie et les échanges du monde entier, elle n'a besoin que d'organiser son système de Banques avec autant d'intelligence et d'habileté qu'elle a organisé son gouvernement et son armée.

La réorganisation de son système de Banques est la conséquence expresse, logique et le complément indispensable des principes de liberté commerciale qu'après un demi-siècle de discussions et de résistances cupides notre pays vient si heureusement d'inaugurer.

C'est à ce point de vue supérieur que l'on doit se placer,

si l'on veut étudier sous son vrai jour et résoudre, dans l'esprit du siècle, le problème de la mise en valeur de notre numéraire et des perfectionnements à introduire dans nos institutions de crédit.

La solution de ce problème touche, en effet, aux intérêts les plus considérables de la société.

Il existe dans tout pays un rapport intime entre le numéraire en circulation, la richesse effective des habitants, les conditions d'ordre social, et son système de Banques.

Quand un peuple emploie une masse de plus en plus considérable des produits de son travail à faire venir de l'étranger, non pas une plus grande quantité de produits à transformer dans ses manufactures, mais des matières d'or et d'argent, destinées principalement à fabriquer de la monnaie, et qu'en même temps la production de l'atelier national est insuffisante pour répandre l'aisance dans la masse des travailleurs et réaliser les améliorations que réclame la consolidation de l'ordre social et politique, on peut affirmer que le système de Banques de ce peuple est incomplet, et qu'il y a un nouveau rouage à ajouter à ses institutions de crédit.

Tel est le cas pour la France.

L'erreur de ceux qui prétendent établir la nécessité de concentrer dans un seul établissement le droit d'émettre la

monnaie fiduciaire tient à ce qu'ils négligent de prendre
en considération les deux résultats les plus importants
que la circulation des Banques est appelée à produire : elle doit mettre en valeur la richesse métallique,
et par les facilités offertes à toutes les classes pour la
fécondation du travail, elle doit concourir au progrès popu-
laire et à l'affermissement de l'ordre social.

On en sera convaincu, quand nous aurons montré comment se constitue la circulation d'un pays et de quels perfectionnements elle est susceptible.

XVI

**De la circulation monétaire et fiduciaire. — Mise en valeur
du trop plein de notre richesse métallique.**

La manière dont se constitue la circulation monétaire et
fiduciaire dans un pays est un fait complexe.

En Angleterre, le génie des populations, la configuration
géographique, le travail se développant pendant des siè-
cles sans révolutions, et l'adoption presque universelle de
mécanismes intelligents, soit pour le service des payements,
même de ménage, soit pour l'épargne, ont amené un état
de choses bien différent du nôtre. Les Anglais emploient
pour leurs transactions très-peu de numéraire et nous
en employons beaucoup. Ce constraste de situation est une
des principales causes de leur supériorité de richesse sur
nous.

Un pays qui ne produit pas de métaux précieux se prive,
chaque fois qu'il en fait venir du dehors, d'une somme égale
de produits qui eussent alimenté le travail des fabriques.
Tant qu'il garde cet or et cet argent, il reste privé non-seulement des capitaux qui ont servi à les acheter, mais de
l'accroissement annuel et indéfini de richesse que leur
transformation eût produit. Il ne peut faire cesser cette

perte croissante que par la contre-partie de ses opérations d'achats, c'est-à-dire en réexportant et échangeant au-dehors son numéraire contre les produits utiles qui avaient servi à l'acquérir (1).

---

(1) Il y a longtemps que M. le comte Mollien a exprimé à ce sujet les vues les plus judicieuses :

« Ceux qui, aujourd'hui encore, craignent tant l'émigration de l'argent, n'auraient besoin que de regarder d'un peu plus près autour d'eux pour s'assurer que, dans l'approvisionnement monétaire de la France, il y a bien plutôt surabondance que disette; et, quoique la France soit encore le pays dans lequel les prêts à intérêts en espèces métalliques sont le plus nombreux, elle est aussi celui dans lequel se trouve le plus d'argent monnayé réduit à un état complet d'inaction et d'inertie ; le goût du *pécule* privé y est très répandu : c'est un trait de ressemblance qu'il garde avec des pays auxquels il ne voudrait pas être comparé.

« *Il est absolument notoire que le montant de la fabrication de la seule monnaie en France a excédé 3 milliards ;* ce qui n'est que conjectural, mais n'est pas contesté, c'est l'approximation qui porte à 7 ou 8 milliards la reproduction annuelle de diverses valeurs consommables que produit ou dont dispose la France. Ce qui n'est pas plus contestable, c'est que la même pièce de monnaie peut et doit changer beaucoup plus de dix fois de propriétaire dans le cours d'une année. Ces deux seuls rapprochements suffisent donc pour prouver que 2 milliards de monnaie, avec l'accessoire des lettres de change, des comptes courants, des compensations habituelles, placés entre les producteurs et les consommateurs, sont plus que suffisants pour solder complétement et en temps utile l'universalité de leurs divers comptes respectifs ; et ne pourrait-on pas aller jusqu'à dire que ces 2 milliards eux-mêmes pourraient être mieux composés qu'en espèces métalliques, plus économiquement pour le pays, et plus commodément pour la circulation ? Or, la conclusion définitive ne serait-elle pas alors que notre système monétaire s'embarrasse depuis longues années d'une superfétation de bien plus d'un milliard, et qu'il y a une grande prodigalité dans l'économie qui a porté nos aïeux à préférer la monnaie d'argent ?

« Examinons, en effet, *à quelles conditions la France a pu se donner la disponibilité de 3 milliards de métal d'argent, et ce qu'elle a perdu, seulement en intérêts, par le résultat des échanges qui ont mis une telle masse de métal en son pouvoir.*

C'est précisément ce que les Anglais ont fait depuis longtemps. Par quel moyen de recettes et de payements ont-ils
remplacé les espèces ? le voici.

Au lieu d'une Banque nationale investie du monopole,
ils en possèdent trois, la Banque d'Angleterre, la Banque
d'Ecosse, la Banque d'Irlande, et en outre ils ont une mul-
titude de Banques locales, qui sont investies, comme les

« Pour de tels achats, la France avait un double désavantage à subir ; relativement au prix et au mode de payements, l'acheteur était à la merci du propriétaire du métal ; et ce métal, trop différent de toute autre matière première, *dont
la mise en œuvre aurait augmenté la valeur dans beaucoup de cas de plus de
30 0/0*, ne pouvait, étant converti en monnaie, valoir rien de plus que lorsqu'il
était lingot. Sa destination le rendait même inhabile à produire le plus petit
intérêt quand il ne sortait de la main de l'acheteur que pour passer dans celle du
vendeur ; et ce devrait être là son principal emploi. Or, que le moindre arithméti-
cien traduise en chiffres la valeur dont aurait pu et dû s'accroître dans un seul
siècle ce milliard de superfétation (qui reste captif depuis plus d'un siècle dans
notre monnaie), s'il eût librement profité, chaque année, de l'accroissement de
valeur qu'il aurait trouvé, sous toute autre forme, et dans tout autre emploi ; le
résultat, de ce calcul fera bientôt voir combien nous avons payé chèrement notre
luxe monétaire actuel, qui satisfait moins notre vanité que tout autre luxe, et
accuse davantage encore notre raisonnement.

« On n'entreprendra pas d'énumérer et de définir tous les services que, depuis
près d'un siècle et demi, la Banque d'Angleterre a pu rendre au commerce du
monde entier et au gouvernement anglais avec lequel elle a su s'identifier si bien,
sans compromettre jamais un seul des intérêts privés qui sont en rapport avec
elle : on a principalement voulu prouver que ce n'est pas le moindre des services
de cette Banque, que d'avoir pu entrer, avec assez de discernement, dans le
système monétaire du pays pour lui avoir épargné l'énorme avance qu'il lui
aurait fallu faire (avec une perte non moins grande d'intérêts) pour le prix
d'achat des métaux précieux qui lui auraient été nécessaires, si la place que les
billets de Banque tiennent dans la circulation avait dû être réellement et matériel-
lement occupée par des espèces d'or et d'argent. » Mémoires d'un Ministre
du Trésor public, *tome* IV, *pages* 336 et 343.

Banques nationales, du droit d'émettre des billets au porteur remboursables à vue. La circulation fiduciaire de toutes ces Banques s'élevait en 1862 à 935 millions de francs, alors que celle de la Banque de France et de ses succursales était, pour l'Empire français, de 800 millions.

Mais, chez nos voisins, les billets de Banque, ainsi que les 1,500 millions d'espèces qui forment aujourd'hui tout le numéraire de la Grande-Bretagne, ne servent réellement que d'appoint dans les transactions. La grande masse des recettes et des payements s'opère chez nos voisins au moyen d'un papier d'une nature toute particulière que nous ne possédons pas, et qui joue le principal rôle dans la liquidation de leurs transactions au comptant.

Il s'agit des chèques, que tout individu crée, véritable billet à vue payable chez son banquier, et dont l'acquittement a réellement lieu dans le *Clearing-House* par voie de compensation ; tous les commis des banquiers s'y réunissant deux fois par jour pour échanger les chèques qu'ils ont les uns sur les autres. C'est grâce à ce mécanisme que l'usage des billets de banque et de l'or se trouve réduit à solder les appoints. Actuellement, c'est bien mieux : les soldes se font par des virements à la Banque d'Angleterre sans qu'il y apparaisse un écu ou un billet de Banque. C'est par plusieurs centaines de millions que les chèques sont ainsi compensés et annulés chaque jour, en dehors, bien entendu, des virements qui s'opèrent entre les comptes courants de la Banque d'Angleterre et des autres Banques nationales ou locales, publiques et privées.

En France, quelle masse de numéraire ne faut-il pas pour

remplir l'office de ces chèques, émis chaque jour pour des centaines de millions !

Les Anglais ont souvent cherché à évaluer l'économie de capital qu'ils doivent aux perfectionnements introduits dans leur circulation.

De nouvelles maisons de Banque ayant été admises successivement dans le *Clearing-House*, on a pu apprécier la quantité d'or qu'elles gardaient auparavant en caisse, et qui leur était devenue inutile. Pour les 60 maisons de Londres il ne s'agirait de rien moins, selon Mac-Leod (1), que de 100 millions de francs; et ces 100 millions d'or ne servaient que d'appoint !

D'une part, le système économique des chèques, l'extension du *Clearing-House* de Londres à un plus grand nombre de maisons de cette capitale et l'établissement d'un second *Clearing-House* pour les Banques des provinces, et l'adoption d'un système semblable pour des catégories spéciales d'opérations et d'échanges de services (2); d'une autre part, la pluralité des Banques d'émission et leur circulation collective notablement plus considérable que celle de notre Banque unique, permettent aux 26 millions de producteurs des îles Britanniques d'opérer toutes leurs recettes et tous leurs payements avec 1,500 millions d'es-

---

(1) *A Dictionary of political Economy*, art. *Clearing-House*.

(2) C'est ainsi que les chemins de fer règlent leurs comptes réciproques par un *Clearing-House* spécial.

pèces. Chez nous, au contraire, l'organisation imparfaite du crédit et de la circulation fiduciaire, résultat du monopole de la Banque de France, oblige une population de 38 millions de producteurs d'employer une masse énorme de métaux précieux à l'acquittement des transactions sur tous les points du territoire.

Ces métaux précieux, il a fallu les acheter au dehors, et priver notre population d'une somme équivalente de denrées alimentaires et de produits qui eussent accru l'activité de nos fabriques, le chiffre des salaires et développé la consommation.

Nous avons appauvri le travail national d'autant, et il est exact de dire que l'importance exagérée de notre richesse métallique compte au nombre des principales causes de notre infériorité commerciale à l'égard de la Grande-Bretagne.

Pour arriver au même résultat que les Anglais, et réduire, ainsi qu'ils l'ont fait, la masse d'or et d'argent circulant dans le pays, nous devons perfectionner comme eux, en tenant compte du génie qui nous est propre, notre système de Banques. Ce perfectionnement consiste à introduire un principe d'émulation dans le jeu des établissements financiers, par une dualité d'émission de la monnaie fiduciaire. Cela est d'autant plus nécessaire qu'un pays, dont une si grande partie ne connaît encore d'autre industrie que l'agriculture, ne saurait profiter, sur la même échelle que l'Angleterre, de l'établissement des *Clearing-House*,

et que les petites coupures sont destinées à remplir en
France la destination des chèques anglais.

Par leur circulation rapide et continue, les petites coupures produiront un résultat analogue de compensation
économique des dettes et des créances.

C'est la monnaie du travailleur, de celui qui vit de son
métier, de son talent, et qui n'emploie pas son salaire à
accumuler en temps de révolution, comme le font les
classes riches, des réserves improductives.

En 1848, ce sont les grosses coupures de 1,000 et de
500 francs qui demandaient le remboursement, et c'est
le billet de 100 francs qui a fait cesser l'agio que la diminution de l'encaisse avait établi sur l'or et sur l'argent.

Le même phénomène avait eu lieu en Angleterre quand,
en 1825, lorsque dans le paroxysme d'une des plus vio-
lentes crises que le commerce anglais ait jamais éprou-
vées, en un moment où l'épuisement de l'encaisse métallique de la Banque la mettait de nouveau à deux doigts d'une
suspension des payements en espèces, il suffisait d'une caisse
de vieux billets d'une livre sterling, retrouvée dans un gre-
nier de la Banque, pour arrêter les demandes de remboursement (1).

_____

(1) Dans l'enquête sur la charte de la Banque d'Angleterre, en 1832, tous les
témoignages des hommes spéciaux s'accordent à reconnaître que l'émission des

Le préjugé que la Banque de France entretient à l'égard

billets de Banque d'une livre sterling, dans la crise de 1825, a arrêté le flot des demandes de remboursement et épargné au marché anglais une catastrophe.

Interrogatoire de M. Horsley-Palmer, Gouverneur de la Banque :

Question. — Les difficultés que la Banque a traversées en 1825, alors que les demandes de remboursement venaient des besoins intérieurs, n'ont-elles pas été en fait surmontées par des billets de une livre sterling remis dans la circulation ?

Réponse. — Il en a été ainsi à Norwich, et, je le pense, dans une ou deux autres villes.

Question. — Peut-on élever quelques doutes sur le grand profit que les transactions de la métropole ont retiré de cette émission de billets d'une livre sterling en 1825?

Réponse. — Je pense qu'elle a rendu un véritable service, en arrêtant les demandes de remboursement qui affluaient dans les Banques de la province.

M. Palmer ajoute, à propos de la faillite de la maison Pole and Cº, que le danger avait été presque évité par les billets d'une livre sterling que cette maison avait émis, et qui étaient venus à son aide au moment où il lui était très-difficile d'obtenir de l'Hôtel de la monnaie des espèces fabriquées en assez grande quantité.

Interrogatoire de M. STUCKEY, un des premiers banquiers de Londres :

M. Stuckey déclare que, si la Banque n'avait pas émis des billets d'une livre sterling, la plupart des Banques à Londres et dans la province auraient manqué.

Interrogatoire de M. J. HARMAN :

Demande. — La Banque d'Angleterre a émis des billets d'une livre sterling à cette époque. Cette mesure a-t-elle protégé son encaisse?

Réponse. — Indubitablement ; et cela a agi d'une manière merveilleuse.

Demande. — Pensez-vous que les billets d'une livre sterling aient prévenu un épuisement complet de l'encaisse ?

Réponse. — Autant que je puisse en juger, ils ont sauvé le crédit du pays.

Interrogatoire de M. J. W. NORMAN :

Demande. — Ne pensez-vous pas qu'avec un encaisse réduit, accompagné d'embarras commerciaux et d'une suspension de travail, il soit d'une bonne administration des intérêts de la Banque de considérer un pareil état de choses comme lui préparant une situation dangereuse ?

des petites coupures est une erreur économique des plus graves, non-seulement au point de vue des affaires, mais au point de vue de l'ordre politique. La défiance sur laquelle repose son préjugé est une offense permanente et gratuite envers le grand nombre, que la Banque juge indigne de posséder et d'utiliser ses billets, quand la constitution fait de lui, dans les circonstances solennelles, l'arbitre des destinées sociales.

Indiquons maintenant le montant du numéraire circulant en France.

Réponse. — Certainement; cela constituerait pour la Banque une situation pleine de dangers. Mais nous avons généralement vu dans les crises commerciales le crédit de la Banque s'élever au-dessus du crédit ordinaire des autres corporations plus que dans aucun autre temps.

Demande. — Sur quoi fondez-vous cette opinion?

Réponse. — Je m'appuie particulièrement sur ce qui s'est passé en 1825. A cette époque, la Banque eut le pouvoir d'augmenter prodigieusement sa circulation, et, au moment où la crise éclata, son crédit ne reçut pas l'ombre d'une atteinte dans l'esprit du public.

Demande — Supposez-vous que ce soient les billets d'une livre sterling de la Banque qui aient arrêté à cette époque la panique?

Réponse. — Oui, jusqu'à un certain point.

Interrogatoire de M. S. J. Loyd (maintenant lord OVERSTONE) :

Demande. — Imaginez-vous que, dans une certaine proportion, ce qu'on a nommé le discrédit commercial de l'année 1825 puisse être attribué à un doute, quant à la solvabilité de la Banque d'Angleterre?

Réponse. — En aucune façon ; et la meilleure preuve, c'est que, lorsque la Banque se trouva ne plus avoir de souverains à donner en payement, elle trouva fort heureusement une grande quantité de billets d'une livre sterling et le public s'accommoda parfaitement de ces billets d'une livre sterling.

Il résulte des comptes de la Monnaie et des états de douanes que, vers le milieu de la Restauration, la masse d'espèces possédées par la France atteignait, ainsi que M. le comte Mollien, qui écrivait à cette époque, le constate, trois milliards (1).

Les mêmes documents accusent, depuis 1827, un surplus d'entrée sur la sortie des métaux précieux de :

3,332,242,113 francs en or.
1,162,109,127 — en argent.

Total... 4,494,351,240 francs, lesquels, joints aux trois milliards que nous possédions déjà, porteraient le nu-méraire existant actuellement en France à plus de sept milliards, si l'on devait accorder une confiance abso-lue aux états dressés par l'administration des douanes pour des matières qui, comme l'or et l'argent, échappent nécessairement à un contrôle rigoureux. Mais le chiffre fourni par les documents officiels est assez gros pour qu'on puisse lui faire subir de très-fortes atténuations.

Et, malgré toutes les atténuations possibles, la Californie et l'Australie resteront au-dessous de cette mine colos-

---

(1) Ces chiffres d'importations et d'exportations de métaux précieux ne peuvent donner que des approximations, par la raison qu'un contrôle rigoureux des mouvements des matières d'or et d'argent n'est pas facile : on sait que les tarifs pour les transports de ces matières par les chemins de fer sont établis *ad valorem*, et qu'un très-grand nombre de personnes, faisant habituellement ce commerce, ne craignent pas de faire des déclarations inexactes pour obtenir une réduction de rais.

sale de métaux précieux qui s'est lentement formée par
le travail et les épargnes de la nation entière depuis
le rétablissement d'un gouvernement régulier par le Premier Consul ; on la réduirait à cinq milliards, qu'elle laisse-
rait encore toute leur force aux faits et aux considérations
qui précèdent.

Disons-le ; il n'y a pas d'entreprise moins judicieuse
que d'aller chercher le numéraire au dehors, quand l'encaisse de la Banque diminue ; c'est apporter de l'eau à la
mer.

Et ce sacrifice que nous nous imposons, nous pourrions
l'éviter par un moyen analogue à celui qu'une expérience séculaire a consacré de l'autre côté du détroit,
où l'on acquitte une masse de transactions bien supérieure
à la nôtre avec un numéraire circulant de 1,500 millions
de francs.

Nous aurions donc, avant d'atteindre la situation dont
se contentent nos voisins d'outre-Manche, trois milliards
peut-être à exporter et à remplacer comme les Anglais l'ont
déjà fait avec un si grand profit, soit par des virements de
comptes courants, soit par la circulation spécialement abon-
dante des billets de Banque en petites coupures, soit par des
chèques, soit par des obligations productives d'intérêts et
transformables, à la volonté du porteur, en effets à terme.

La conséquence de cette opération serait que la France
posséderait, au lieu de cette masse d'or et d'argent, trois

milliards de plus de matières premières, d'outillage et de denrées alimentaires.

Que ceux qui imagineraient, contre l'opinion du Ministre du Trésor du premier Empire (1), que, puisque nous possédons ce numéraire, que nous ne pouvons nous en passer, et qui considéreraient comme un rêve des *Mille et une Nuits* son exportation et son remplacement par une importation de matières premières, d'engins, de produits manufacturés et de denrées consommables d'égale valeur, ceux-là n'ont qu'à se reporter à trente ans en arrière, et à se demander avec quoi nous avons produit les capitaux qui nous ont servi à acheter au dehors cet or et cet argent avec quoi nous avons fait nos chemins de fer? Nos locomotives sont-elles d'or et nos rails d'argent? Avons-nous nourri les terrassiers, les maçons et les charpentiers d'écus sonnants? Non. Ce qui a donné la vie à ces grandes constructions, ce qui en alimente l'exploitation, c'est du fer, de la houille, des bois de construction, du blé, de la viande et du vin.

Notre idéal est-il de faire manger au peuple français du sarrasin et des châtaignes dans des plats d'or?

Pourquoi tiendrions-nous tant à ce luxe qui fait peser sur les contribuables, outre notre dette, une lourde charge, et dont le peuple anglais, qui se nourrit de bonne viande dans des plats de faïence, a le bon sens de se passer?

_____

(1) Voir la citation de ses Mémoires, page 126.

Concluons de ce qui précède que la plus grande entreprise industrielle que nous ayons à poursuivre désormais,
celle qui embrassera et fécondera toutes les autres, qui facilitera les progrès sociaux, consolidera nos institutions
et élèvera le crédit de l'Etat à la hauteur de ses vues généreuses, c'est la mise en valeur de notre richesse métallique.

Elle nous donnera le moyen de prévenir beaucoup de
crises, de porter avec bénéfice, sur les marchés extérieurs, le
trop plein d'une abondance qui nous appauvrit aujourd'hui.

Napoléon Ier avait créé, avec le produit des contribu-
tions imposées aux peuples vaincus, le trésor de l'armée. Ce trésor fut bien vite épuisé par les immenses ap-
prêts de la campagne de Russie et les besoins extraordinaires
de la retraite et de la défense du territoire.

Napoléon III peut créer un trésor du peuple, trésor de
bien-être et d'abondance, en augmentant notre capital
industriel et le stock de nos matières premières de la
somme de trois milliards que nous avons en numéraire,
par delà les besoins du service de nos échanges, et qui,
par conséquent, dans l'état actuel des choses, ne mérite
pas d'être comptée dans l'ensemble de nos richesses.

XVII

Facilités d'émission d'une seconde monnaie fiduciaire. — Ses avantages.

Bien des idées fausses, bien des craintes exagérées ont circulé à l'égard de la pluralité d'émission des billets de Banque.

On voudrait exagérer les difficultés et les dangers d'une bonne circulation fiduciaire.

La Banque de France posséderait-elle un secret impénétrable au vulgaire? Serait-il vrai qu'aucun effort, aucune habileté, ne pût réussir à opérer ce prétendu miracle d'émettre des billets d'un usage commode, toujours représentatifs de valeurs négociables, donnant droit à un remboursement immédiat en espèces?

Si le souvenir des neuf Banques départementales, qui tenaient dans la circulation 80 millions de billets, n'était pas si rapproché de nous, l'exemple de tant d'entreprises couronnées de succès, en Belgique, en Suisse, en Hollande, en Italie, en Suède, en Danemark, en Prusse et en Angleterre, prouverait à lui seul que les difficultés et les dangers de ce genre d'industrie sont une illusion.

La contrefaçon n'a compromis nulle part même les plus petites coupures. Les billets de 5 francs en Belgique, les billets de 1 florin en Bavière, et de 1 thaler en Prusse et en Saxe, n'inspirent aucune crainte aux caisses qui les émettent, et les exposent à moins de dangers que les billets de 1,000 et 500 francs n'en font courir à la Banque de France.

Les autres difficultés disparaissent devant l'organisation d'un bon conseil d'escompte.

Pas de risques à courir, aucune conception nouvelle à étudier, point d'entreprises à organiser ; des services de caisse et de comptabilité dont toutes les administrations publiques et privées offrent de parfaits modèles, un contrôle que l'on retrouve aussi perfectionné dans les grandes compagnies industrielles, voilà la Banque de France, au point de vue du travail et de la responsabilité.

Quant à l'importance de cette faculté d'émettre des billets remboursables à vue dont on veut faire un épouvantail, en donnant à la circulation fiduciaire le nom de papier-monnaie, il n'y a qu'une chose à dire. L'émission des billets d'une Banque a des règles aussi sévères que celles de l'émission des actions et obligations d'une Compagnie de chemins de fer, de Crédit foncier ou mobilier, d'assurance, de messageries.

La plupart de ces Compagnies tiennent, aussi bien que la Banque de France, des caisses de dépôt de titres, et reçoivent, comme elle, des sommes importantes en compte courant.

Et, si l'on mesure le crédit d'un établissement à l'importance des titres qu'il maintient dans la circulation, on reconnaîtra qu'une Banque nouvelle, administrée par des hommes que l'on pourrait recruter parmi ceux qui ont créé et qui administrent nos chemins de fer et nos sociétés de crédit, devrait émettre une masse de billets bien considérable, avant d'avoir obtenu du public un témoignage de confiance égal à celui que ses administrateurs en auraient déjà reçu.

Enfin ces mêmes hommes ont réussi, par leurs émissions d'obligations et de titres de toute nature, à attirer dans les grands centres et même dans les caisses de la Banque le numéraire dispersé sur tous les points du territoire. Ils ont à cet égard une pratique et une expérience constatée et consacrée par des créations dont, il y a vingt ans à peine, on n'aurait pu concevoir l'idée.

Tandis que la Banque s'efforçait vainement, par des mesures onéreuses pour le public, de ramener les espèces qui fuyaient ses caisses, les grandes Compagnies ont-elles jamais manqué d'argent pour exécuter les quatre ou cinq milliards de travaux dont elles avaient pris l'engagement? Elles ont su subvenir aux sacrifices nécessaires et à ceux que trop souvent l'insuffisance ou l'indifférence de la Banque leur imposait.

Elles se sont ingéniées. Elles ont perfectionné les titres de placement, et, au moyen de leurs actions et de leurs obligations, elles ont attiré dans leurs caisses le numéraire que la Banque, réduite à elle-même, était impuissante à déplacer. Quel eût été le sort de notre réseau de chemins de fer, si l'industrie publique n'avait pas tiré de son

propre fonds ses ressources? Où en seraient les travaux
de construction des grandes villes, aussi bien que l'exécution des voies ferrées, si les promoteurs de ces nouvelles
entreprises, qui font la fortune du pays, avaient été réduits
au crédit que les immeubles et les entreprises industrielles trouvaient, il y a vingt-cinq ans, chez les notaires
et dans les maisons de Banque, et si, par le placement de
leurs titres, ils n'avaient pas opéré un roulement de fonds
plus considérable que celui qu'opère la Banque par l'émission de ses billets.

Ces Compagnies sont parvenues à émettre et à accré-
diter des titres de placement d'une durée correspondante
à celle des entreprises dont elles poursuivent l'exécution.
L'opération était nouvelle et présentait certainement plus
de difficultés que l'acceptation par le public pour leur
valeur nominale de billets de Banque dont on peut à
volonté toucher le montant intégral en écus.

Le progrès à réaliser aujourd'hui dans l'atelier national
consiste à utiliser la masse beaucoup trop considérable
de métaux précieux que le grand nombre, privé de
l'usage des billets et des virements de la Banque, emploie
pour l'acquittement de ses transactions journalières.

Il faut mettre les bienfaits de la monnaie fiduciaire et des
comptes courants à la portée de toutes les bourses. Les
populations ont compris l'avantage qu'elles trouveraient
à se dessaisir de leurs fonds d'épargne et à y préférer la
rente, les actions et les obligations des Compagnies. Il faut
qu'elles se dessaisissent également de leurs fonds de tiroir

et de sacoche et du numéraire roulant ; il faut leur faire comprendre le profit qu'elles retireront d'une monnaie fiduciaire émise pour l'amélioration de leur sort et dans l'intérêt de leurs propres transactions.

En dehors des circonstances politiques qui exerceront toujours une action prépondérante sur les valeurs de Bourse, nous n'hésitons pas à penser que les cours, celui de la rente surtout, seraient notablement améliorés. On cesserait de voir le 3 0/0 français au-dessous de 67 francs quand les consolidés sont à 90, et la fortune publique, élevée à son vrai niveau, serait délivrée des secousses et des affaissements subits que détermine chaque réduction de l'encaisse métallique de la Banque de France par la variation brusque qui s'ensuit dans le taux de l'intérêt.

XVIII

Améliorations à introduire dans la Banque de France.

La principale obligation, le devoir supérieur de la Banque de France est de tenir toujours, comme les commerçants dont elle escompte les effets, son capital employé dans sa propre industrie.

Elle ne doit tirer profit de son capital que par l'emploi sans cesse renouvelé qu'elle en fait pour ses opérations de Banque. Le placement de ce capital en rentes n'est pas motivé par des nécessités publiques.

L'Etat en redouterait d'autant moins la négociation qu'elle aurait lieu par le moyen que nous avons indiqué. Il est dangereux que le capital de la Banque reste placé en rentes, car la crainte de voir baisser les fonds publics, dans le cas où cette réalisation deviendrait nécessaire, associerait le Trésor à l'intérêt que les actionnaires de la Banque ont à retarder, à éviter même, cette réalisation qui les priverait d'une portion de leur revenu.

Le capital des Banques est le seul qui pourrait, dans

19

un état parfait de circulation, rester improductif. Il est con-
venable, il est éminemment profitable de viser à rendre
inutile la majeure partie du numéraire métallique de la
société, mais c'est à la condition que le capital des établissements chargés d'émettre la monnaie fiduciaire soit toujours
employé en espèces d'or et d'argent, afin qu'ils aient
toujours la certitude de pouvoir rembourser leurs billets.
C'est même pour eux un devoir de varier leurs engagements de manière à accroître leurs ressources et à les
tenir au niveau des demandes de crédit du public.

Immobiliser son capital en rentes, et compter pour l'acquittement de ses obligations et l'extension de ses affaires sur
l'argent du public, c'est non pas exercer la profession
élevée de Banque publique, mais faire le métier de roi
fainéant.

La Banque, en agissant ainsi, s'écarte des prescriptions
de la prudence commerciale, puisque après avoir recueilli,
par ses semestres de rentes, le revenu du capital qui lui appartient, elle joue le rôle de dépositaire imprévoyant en s'ex-
posant, pour y ajouter les profits d'un capital qui ne lui
appartient pas, à ne pouvoir rendre l'argent qui lui a été
confié, ou à recourir à la mesure excessive du *cours forcé*,
dont la perspective d'ailleurs est plutôt de nature à ef-
frayer le public que la Banque elle-même, car elle n'en
éprouverait aucun dommage ; elle n'évite cette extrémité
qu'en faisant payer ses fautes au Commerce par les primes
de ses achats d'or, par la réduction des échéances et par
l'élévation de l'escompte à des taux exorbitants.

Un pareil état de choses n'est admissible ni pour la Banque ni pour le Trésor (1).

---

(1) Pour constater l'insuffisance des ressources dont dispose la Banque de France, il suffira de publier des chiffres comparatifs qui ont leur éloquence.

Voici quelle a été l'importance des opérations de la Banque :

1° Pendant les dix années qui ont suivi l'établissement de la monarchie de Juillet ;

2° Pendant les dix années qui ont suivi le rétablissement de l'Empire.

Total annuel des escomptes et des avances sur fonds publics, actions et obligations à la Banque de France.

MONARCHIE DE JUILLET.		DEUXIÈME EMPIRE.	
1831 —	223 millions.	1853 — 3 milliards	615 millions.
1832 —	151 —	1854 — 3 —	414 —
1833 —	240 —	1855 — 4 —	306 —
1834 —	317 —	1856 — 5 —	218 —
1835 —	485 —	1857 — 5 —	955 —
1836 —	866 —	1858 — 5 —	160 —
1837 —	852 —	1859 — 5 —	632 —
1838 —	860 —	1860 — 5 —	735 —
1839 — 1 milliard	108 —	1861 — 5 —	802 —
1840 — 1 —	39 —	1862 — 6 —	735 —
Moyenne annuelle :		Moyenne annuelle :	
614 millions.		**5 milliards 157 millions.**	

Ainsi, le mouvement des affaires de la Banque a *presque décuplé* dans les dix premières années du deuxième Empire relativement à celles des dix premières années de la monarchie de Juillet; la moyenne des trois premières années de ces deux périodes est de 204 millions par an, celle des trois dernières années est de 6 milliards 90 millions par an; dans ces trente années le mouvement a conséquemment *trentuplé*, et il se serait accru dans des proportions plus considérables encore sans les variations de l'escompte et sans les efforts que fait la Banque de France pour repousser les avances sur fonds publics et sur valeurs de chemins de fer. — Or, de 1831 à 1840, une partie du capital de la Banque de France était libre et il est aujourd'hui *plus que entièrement immobilisé.*

Le marché de la Bourse serait assez large sans doute pour que la Banque y réalisât facilement ses rentes avec les précautions qu'indiquait M. Gautier.

Mais le nouvel emprunt offre une occasion bien plus favorable, à tous les points de vue, pour la réalisation des rentes de la Banque.

Si le Gouvernement, après s'être entendu avec cet établissement, faisait savoir au public qu'il porte le chiffre de l'emprunt à 450 millions au lieu de 300, pour que le capital de la Banque, désormais réalisé en espèces, n'eût plus d'autre destination que de faciliter et d'étendre les services qu'elle doit rendre au commerce, au Trésor et à la grande industrie, le public saisirait à l'instant les conséquences fécondes de cette mesure.

Les crises monétaires, la hausse de l'escompte, le resserrement des crédits, n'ayant eu d'autre cause que le retrait des espèces des caisses d'une Banque qui n'y avait pas un écu à elle, tout le monde comprendrait que lorsqu'elle aurait en caisse plus de 150 millions à elle appartenant, la Banque n'aura plus à craindre que le public lui retire ses fonds.

Dès lors la réduction de l'escompte à son taux le plus bas est assurée.

L'intérêt même de la Banque, qui devra faire valoir ses fonds dans les opérations de son industrie, garantit qu'elle étendra, au lieu de les resserrer, ses avances sur la rente, les actions et obligations ; cette perspective, nous le répétons, suffirait pour ranimer la confiance, relever les fonds publics ; et, dans une situation beaucoup plus prospère du marché, l'emprunt serait nécessairement souscrit à un taux plus avantageux pour le Trésor et la Banque elle-même.

Dans une situation pareille, le crédit public de la France, qui a fourni plus de deux milliards d'emprunt pour les dernières expéditions, aurait mille moyens de retrouver, quand il le voudrait, les soixante millions nécessaires pour rembourser les bons du Trésor en dépôt à la Banque.

Une ère de justice, de régularité, de sage prévoyance, succéderait aux perturbations incessantes que subit le marché, et non-seulement les affaires, non-seulement le Trésor, mais la politique générale en recueilleraient les fruits.

Quelle impulsion donnée à toutes les entreprises et quelle idée se formerait l'Europe de la puissance matérielle et morale de notre pays, si le règne de Napoléon III faisait jouir d'une manière définitive l'atelier national de la fixité de l'escompte à un taux réduit, bienfait qui a été dû au premier Empire, et dont, après lui, la Restauration et la monarchie de juillet ont seules fait profiter le pays.

Et qu'on n'objecte pas le sacrifice de 10 à 12 millions que cette négociation de rentes, au prix actuel, imposerait à la Banque, car ce sacrifice, qui devait être le prix du renouvellement de son privilége, se trouve déjà largement compensé par le bénéfice de près de 200 millions, résultant de la plus-value des 91,250 actions nouvelles attribuées aux actionnaires de cet établissement ; ce bénéfice, réalisé par les actionnaires de la Banque, représente à lui seul LE DOUBLE DU CAPITAL DES RENTES ACQUISES DE L'ÉTAT.

Si la Banque oublie que quiconque possède un de ses billets de 1,000, de 500, de 200 ou de 100 fr., lui A RÉELLEMENT PRÊTÉ, 1,000, 500, 200 ou 100 fr. SANS INTÉRÊT ET EN ESPÈCES, n'est-il pas d'une bonne politique pour un gouvernement de s'en souvenir ?

La Banque tient dans la circulation 800 millions de billets.

Ce sont 800 millions qui lui sont prêtés sans intérêt ; ce capital, appartenant, à tout le monde, il faut que tout le monde ait part au bénéfice qui en est retiré. Le moyen de faire participer le public au profit résultant de l'exploitation du capital de 800 millions dont la Banque se sert gratuitement, c'est d'abaisser l'intérêt, de réduire le taux de l'escompte.

Si ce capital de 800 millions, créé par la confiance du public, n'existait pas, s'il ne circulait pas un seul billet de Banque, l'intérêt de l'argent prêté au commerce serait celui des fonds publics, des prêts hypothécaires, l'intérêt ordinaire du marché.

Du moment qu'intervient un nouveau capital de 800 millions qui ne coûte rien à la Banque, dont la confiance du public fait tous les frais, l'intérêt doit être inférieur à ce qu'il eût été sans cette intervention du public.

Le devoir de la Banque, comme l'a si souvent rappelé Napoléon Iᵉʳ, est d'effectuer ses escomptes au-dessous du taux du marché, d'obliger les capitalistes à suivre son exemple, et de marcher à des réductions ultérieures, en y appliquant ses ressources et toutes les combinaisons auxquelles elles lui permettent d'avoir recours.

L'élévation du loyer de l'argent est la source de tous les maux.

A Rome, les patriciens, qui étaient les banquiers de l'époque, ont causé, par le taux usuraire qu'ils exigeaient de leurs débiteurs, des agitations et des révoltes continuelles.

Il faut craindre de rouvrir une source de mécontentement qui ne pousserait pas sans doute notre génération aux mêmes extrémités, mais qui, s'étendant sur une plus vaste surface et descendant jusqu'aux entrailles de la société, aurait des résultats pour le moins aussi déplorables.

Il ne faut pas surtout que ce soient les actionnaires d'un établissement n'existant que par le fait de la confiance de tous, et opérant avec le capital du public, qui renouvellent les fautes du patriciat romain.

Le moyen qu'il n'en soit pas ainsi est simple. Il existe, il est pratiqué avec le plus grand succès.

C'est d'abord qu'il soit appliqué un maximum aux escomptes de la Banque, comme on a imposé un maximum aux prix des places et des transports sur les chemins de fer.

Si les chemins de fer jouissaient pour l'élévation du

prix des places et des transports de marchandises, de la liberté absolue dont la Banque est investie, ils ne manqueraient pas, dans bien des circonstances et sous l'empire d'un intérêt mal compris, de prélever sur le public des taxes exagérées. L'Etat l'a pressenti et il y a pourvu, en fixant un taux que les Compagnies ne peuvent dépasser ; non content de cette garantie, comprenant tous les avantages qui résultent, pour le commerce et le public, des transports à bon marché, il ne cesse encore d'exercer sur les Compagnies une pression morale pour qu'elles fassent l'usage le plus modéré de leurs tarifs.

Pourquoi le Gouvernement traiterait-il la Banque autrement? Est-ce que la circulation des capitaux est moins importante que celle des marchandises et des personnes? Est-ce que le public est moins intéressé à la réduction de l'intérêt et de l'escompte qu'au bon marché des frais de transport ?

Pour atteindre à l'égard des chemins de fer cet objet important, l'État n'épargne rien. Il leur crée une concurrence par les canaux, dont sans cesse il abaisse le tarif et perfectionne les ouvrages ; il ne craint pas de diminuer les profits des Compagnies, de nuire à l'achèvement des réseaux, par l'amélioration de toutes les voies navigables. Il lui suffit de savoir que les chemins de fer ne peuvent satisfaire à tous les besoins, et qu'un partage de la matière transportable, avantageux au public, peut s'opérer entre les deux modes de transports : celui des chemins de fer et celui de la navigation.

Le partage se fera également, en matière de crédit et de circulation.

Le rôle que les canaux et les fleuves jouent vis-à-vis des chemins de fer, la Banque de Savoie est appelée à le remplir vis-à-vis de la Banque de France.

———

XIX

Organisation de la Banque de Savoie. — Services qu'elle est appelée à rendre.

Les développements qui précèdent suffisent pour faire apprécier sous son véritable jour l'extension du capital de la Banque de Savoie.

Les actionnaires de cette Banque n'ont pas été dépouillés par l'annexion des droits qu'ils possédaient dans le royaume d'Italie. Ces droits subsistent pour être exercés désormais dans leur nouvelle patrie.

Et, loin de faire obstacle à l'exercice de ces droits, l'intérêt général invite à les prendre pour base d'une réédification complète des établissements de crédit et de circulation.

Il est à désirer que les intéressés et le Gouvernement se placent à ce point de vue pour le choix des administrateurs et l'organisation définitive de l'institution.

La Banque de France est administrée par un conseil de régence qui, personnellement ou par l'effet des successions de famille, remonte, sinon à l'origine, du moins aux premières années de sa fondation. C'est une grande garantie de stabilité, d'honorabilité; mais il n'y pas, dans ces éléments

éminemment conservateurs, l'élément de progrès, si nécessaire aujourd'hui que les merveilleuses applications de la
science aux procédés de l'industrie et le perfectionnement
des transports terrestres et maritimes ont centuplé les forces
productives du pays.

L'élément nouveau qui résulte de ce nouvel état de choses
et qui en est l'expression doit se trouver représenté dans
l'institution nouvelle,

La Banque de France est et restera l'établissement de
crédit modérateur et conservateur ; ce rôle est aussi nécessaire dans l'ordre financier que dans l'ordre politique.

La nouvelle institution sera l'expression progressive des
besoins du commerce, de l'industrie et des travailleurs ; elle
devra représenter, sous la forme élective, l'élément progressif, sans que son mode de formation soit exclusif des
garanties de stabilité et d'aptitude morale et intellectuelle
qui sont indispensables pour la bonne gestion d'intérêts
aussi considérables que ceux d'un établissement de crédit.
Pour atteindre ce but, les administrateurs pourraient être
choisis dans des catégories déterminées et réaliser ainsi une
élection à deux degrés.

Le choix des administrateurs par les actionnaires pourrait
être limité, par exemple, aux catégories suivantes :

Deux membres seraient pris au sein de la direction et de
la commission de surveillance de la Caisse des dépôts et con-
signations ;

Six membres parmi les administrateurs des six grandes Compagnies de chemin de fer, un dans chaque Compagnie ;

Deux membres parmi les receveurs généraux ;

Deux membres parmi les administrateurs du Crédit mobilier ;

Deux membres parmi les gouverneur ou administrateurs du Crédit foncier ;

Un membre parmi les directeur ou administrateurs du Comptoir d'escompte ;

Un membre parmi les directeur général ou administrateurs de la Société de Crédit commercial et industriel ;

Deux membres, enfin, parmi les présidents anciens ou en exercice du tribunal de commerce de la Seine.

Avec la composition d'un personnel offrant, au double point de vue de la position et de l'expérience, des garanties aussi sérieuses, quels avantages ne pourrait-on pas obtenir de l'introduction d'un pareil élément d'émulation et de progrès dans notre système de Banques !

Le pas immense que la fortune publique et les fortunes privées ont fait depuis le rétablissement de l'Empire, l'exécution des chemins de fer, la modification profonde qui s'est opérée dans notre système de douanes, la masse de numéraire que le travail de millions de bras accumule dans le

pays, donnent aujourd'hui le caractère de l'opportunité à
ce complément des œuvres régénératrices du règne de
Napoléon III.

La situation politique profiterait autant que l'état économique du pays des opérations de la nouvelle Banque.

Les gouvernements, l'Empereur l'a souvent proclamé,
n'ont de raison d'être et de chance de se perpétuer que par
le concours qu'ils apportent aux efforts que font les populations pour accomplir les devoirs de leur destinée et accroître leur bien-être.

Le perfectionnement intérieur que poursuit la nation
française, s'il est favorisé avec intelligence et persévérance
par le pouvoir, deviendra pour lui-même, aussi bien que
pour la société, le plus puissant élément de stabilité.

Ce perfectionnement peut se caractériser en peu de mots :
c'est l'extinction progressive du paupérisme par l'avénement de la démocratie aux bienfaits de la vie civilisée.

N'est-il pas naturel et légitime d'employer, pour amé-
liorer les conditions du travail des populations ouvrières
et tirer le meilleur parti de ses ressources, le même procédé
qui a si bien réussi à la bourgeoisie, à savoir : une Banque
Nationale, organisée spécialement en vue des besoins à
satisfaire, besoins qui diffèrent de ceux auxquels s'appli-
quent exclusivement les opérations de la Banque de France?

Lorsque la Banque de France a été fondée, le nouvel

établissement se proposait *de réunir les fonds épars, dispersés par la Révolution et de les appliquer aux besoins du commerce* (1).

Eh bien ! il y a aujourd'hui encore des fonds épars, non par l'effet des agitations politiques, mais par la distribution naturelle des travailleurs qui les possèdent sur tous les points du territoire.

Il s'agit encore de réunir ces fonds et de les appliquer aux besoins de ceux qui en sont les détenteurs.

Quels sont ces besoins?

Ils sont multiples, mais leur satisfaction est subordonnée à une condition essentielle : l'argent à bon marché.

On ne peut faire le troisième et le quatrième réseau des chemins de fer, qui seront d'un très-maigre produit, qu'avec des capitaux qui ne chargeront les travaux que d'un faible intérêt.

On ne peut mettre à la portée des petits ateliers, des artisans, des négociants de tout ordre, les bienfaits du crédit, que si l'on escompte les billets à deux signatures sans intermédiaires, et à un taux d'intérêt réduit.

On ne peut faire des avances aux communes rurales, cré-

(1) Voir l'exposé des Statuts primitifs.

diter les travailleurs de la terre et détruire l'usure dans les campagnes, qu'en prêtant à un faible intérêt.

On ne peut développer l'enseignement professionnel et aider à la création des nouvelles écoles, que si l'intérêt des capitaux avancés est modéré.

Enfin, pour favoriser, par un système de mutualité, le progrès des sociétés coopératives qui ont pris récemment une extension rapide en Angleterre et en Allemagne, et qui transformeraient, en France, d'une manière si heureuse la condition du grand nombre, il faut l'intervention d'une Banque d'émission, établie dans des conditions qui lui permettent de procurer à ces Sociétés un patronage bienveillant et des capitaux à bon marché.

La Banque de France, alors qu'au début du siècle l'ordre et la sécurité renaissaient sous les auspices d'un gouvernement régulier, a pu abaiser à 6, à 5 et finalement à 4 0/0 le taux de l'escompte et maintenir ce taux avec une circulation fiduciaire composée de billets de 1,000 et de 500 francs, et avec le numéraire formant les encaisses de la classe riche de Paris et de quelques grands centres.

Il n'y a rien d'impossible à ce qu'une nouvelle Banque, composant sa monnaie fiduciaire de petites coupures et mettant en valeur le trop plein de la richesse métallique répandue dans toutes les parties du territoire, abaisse et maintienne l'escompte à 3 0/0.

Si l'on soumet à l'égalité de situation les deux établissements, en obligeant la Banque de France à réaliser son
capital, et si les deux établissements sont indépendants
l'un de l'autre, soumis également au contrôle du Gouvernement, tous les intérêts anciens et nouveaux du pays se
trouveront également fécondés, et il résultera de l'action
simultanée et libre des deux Banques nationales, entre lesquelles aucun conflit ne pourra s'élever, une émulation
dont la nation tout entière recueillera les fruits.

L'expérience permet déjà d'apprécier l'influence qu'une
large réorganisation de la Banque de Savoie exercerait sur
la Banque de France et sur tous les établissements de crédit
français dans l'intérêt du public.

La Banque de France possédait depuis six années déjà,
en vertu de la loi du 9 juin 1857 (article 9), la faculté
d'émettre des billets de cinquante francs. Elle n'en faisait
rien, elle en repoussait l'usage. Depuis qu'est apparue sur
l'horizon la Banque de Savoie avec son droit, dont elle use,
d'émettre des billets de cinquante francs, l'opinion de la
Banque de France sur ces billets s'est retournée. Ces billets
si dédaignés sont maintenant en faveur. L'émission en est
décidée.

Le placement en rentes sur l'État des fonds de la Banque
de France, et particulièrement du montant du nouveau
capital créé par la loi de 1857, était devenu pour les conseils
de la Banque un article de foi. Les cent millions formant le
nouveau capital avaient été non-seulement placés en rentes,

21

mais considérés par la Banque comme immobilisés. La discussion dont la Banque de Savoie a été l'occasion a attiré l'attention publique sur cette prétendue interdiction légale faite à la Banque de se servir de son capital dans ses affaires. C'est donc désormais une cause jugée.

Les amis de la Banque de France ne la défendent plus que mollement sur ce point, et il est évident que d'ici à peu, demain peut-être, la Banque renoncera à cette source de profit et qu'à l'instar de tous les commerçants elle engagera son capital dans ses propres affaires.

Voilà un second bienfait, à peu près assuré, dont le public sera redevable à ce que la Banque de Savoie s'est montrée en perspective. Que serait-ce donc si cette institution, agrandie, fortifiée, affermie sur le terrain qu'on ne lui contesterait plus, était libre de se livrer à l'exercice de ses attributions dans toute l'étendue des limites de l'Empire? C'est son ombre seule qui a déterminé une grande mesure, l'émission par la Banque de France des billets de cinquante francs et a rendu certain, d'ici à peu, le progrès en vertu duquel le capital de notre premier établissement de crédit cessera d'être distrait de ses affaires et immobilisé.

Quand sera consacré le droit qu'a la Banque de Savoie de prendre une part active à la dispensation du crédit dans toute la France, cette concurrence aura une fécondité sans bornes, et la France, aujourd'hui arriérée dans l'organisation du crédit, prendra en cette matière le rang qui lui appartient; elle ne tardera pas à en avoir l'organisation la plus parfaite.

A cet égard aussi elle donnera l'exemple au monde. Déjà,
en ce moment, le mouvement financier de l'Europe tend à
se concentrer à Paris. Cette heureuse tendance dès lors serait un fait accompli.

BÉNÉFICES DE LA BANQUE DE FRANCE ET DIVIDENDES DISTRIBUÉS.

EXERCICE.	CHIFFRES DES ESCOMPTES. FR.	TOTAL DES RECETTES. FR. C.	DÉPENSES. FR. C.	BÉNÉFICES NETS. FR. C.	DIVIDENDES DISTRIBUÉS. FR.
1848	1,643,728,634	13,006,562 42	6,092,166 63	6,914,395 79	6,843,750
1849	4,025,666,213	11,923,642 71	2,202,057 08	9,721,585 63	9,672,500
1850	4,176,423,896	11,476,380 87	1,919,250 92	9,557,129 95	9,216,250
1851	4,241,412,880	11,441,300 25	1,860,050 25	9,581,250 »	9,581,250
1852	4,824,469,438	12,775,458 34	2,007,958 34	10,767,500 »	10,767,500
1853	2,842,930,285	17,020,741 38	2,963,218 84	14,057,522 54	14,052,500
1854	2,944,643,591	21,489,241 19	3,760,007 57	17,729,233 62	17,702,500
1855	3,746,142,448	26,110,164 31	7,859,809 61	18,250,354 70	18,250,000
1856	4,674,000,000	37,079,226 40	12,218,163 92	24,861,062 49	24,820,000
1857	5,596,979,044	40,834,550 07	10,296,928 17	30,534,621 90	30,477,500
1858	4,561,127,493	29,200,252 19	8,393,575 68	20,806,676 51	20,805,000
1859	4,947,536,547	31,440,279 65	9,868,981 84	21,274,297 81	20,987,500
1860	5,083,356,500	35,823,763 40	10,190,642 53	25,633,120 87	25,550,000
1861	5,399,087,437	46,758,505 20	13,032,163 87	33,726,341 33	26,827,500
1862	5,431,595,647	44,499,155 99	10,845,450 07	30,683,701 92	28,335,000

DIVIDENDES DE LA BANQUE DE FRANCE ET TAUX MOYEN DE L'ESCOMPTE.

ANNÉE.	DIVIDENDE.		TAUX moyen DE L'ESCOMPTE.	ANNÉE.	DIVIDENDE.		TAUX moyen DE L'ESCOMPTE.
	FR.	C.			FR.	C.	
VIII.	50	»	6 %	1831	81	»	4 %
IX.	100	»	»	1832	71	»	»
X.	90	»	»	1833	66	»	»
XI.	113	70	»	1334	80	»	»
XII.	80	»	»	1835	98	»	»
XIII.	71	»	»	1836	112	»	»
XIV.	72	»	»	1837	126	»	»
1806	*20	»	5,53	1838	114	»	»
1807	82	»	4,60	1839	144	»	»
1808	73	»	4 %	1840	139	»	»
1809	74	»	»	1841	126	»	»
1810	74	»	»	1842	136	»	»
1811	66	»	»	1843	122	»	»
1812	69	75	»	1844	107	»	»
1813	75	50	»	1845	133	»	»
1814	60	»	4,75	1846	159	»	»
1815	64	»	5 %	1847	177	»	4,95
1816	76	»	»	1848	75	»	4%
1817	87	50	»	1849	106	»	»
1818	99	80	»	1850	101	»	»
1819	66	»	»	1851	105	»	»
1820	64	50	4,08	1852	118	»	3,17
1821	84	»	4 %	1853	154	»	3,23
1822	73	»	»	1854	194	»	4,31
1823	71	50	»	1855	200	»	4,44
1824	92	»	»	1856	272	»	5,51
1825	98	»	»	1857	247	»	6,25
1826	91	50	»	1858	114	»	3,71
1827	74	»	»	1859	115	»	3,46
1828	111	»	»	1860	140	»	3,63
1829	64	»	»	1861	147	»	5,53
1830	85	»	»	1862	158	»	3,77

* Pour 100 jours, du 23 septembre au 31 décembre 1806.

VARIATIONS DU TAUX DE L'ESCOMPTE DE LA BANQUE DE FRANCE.

ANNÉES.	DATES.	TAUX de l'escompte.	ANNÉES.	DATES.	TAUX de l'escompte.
1852	5 Mars.	3	1859	5 Août.	3 1/2
1853	7 Octobre.	4	1860	12 Novem.	4 1/2
1854	20 Janvier.	5	1861	3 Janvier.	5 1/2
»	12 Mai.	4	»	9 id.	7
1855	6 Octob.	5	»	15 Mars.	6
»	19 id.	6	»	21 id.	5
1856	1er Avril.	5	»	27 Septem.	5 1/2
»	26 Septem.	6	»	2 Octobre.	6
1857	25 Juin.	5 1/2	»	22 Novem.	5
»	13 Octob.	6 1/2	1862	22 Janvier.	4 1/2
»	21 id.	7 1/2	»	7 Février.	4
»	12 Novem.	10, 9, 8	»	27 Mars.	3 1/2
1857	26 Novem.	9, 8, 7	»	7 Novem.	4
»	7 Décemb.	8, 7, 6	1863	15 Janvier.	4 1/2
»	18 id.	6	»	12 Mars.	4
»	29 id.	5	»	26 id.	4 1/2
1858	8 Février.	4 1/2	»	7 Mai.	5
»	19 id.	4	»	11 Juin.	4
»	11 Juin.	3 1/2	»	8 Octobre	5
»	24 Septem.	3	»	6 Novem.	6
1859	5 Janvier.	4	»	13 id.	7

ACHAT DE LINGOTS D'OR ET D'ARGENT
PENDANT LES ANNÉES 1855, 1856 ET 1857.

ANNÉES.	IMPORTATIONS.		PRIMES PAYÉES.	
	FR.	C.	FR.	C.
1855	260,000,000	»	3,920,611	47
1856	559,900,000	»	7,294,400	»
1857	564,633,000	»	4,678,100	»

Après 1857, la banque a changé de système et a remplacé les achats d'or par les élévations du taux de l'intérêt.

PARIS, IMP. PAUL DUPONT, RUE DE GRENELLE-SAINT-HONORÉ, 45.

www.ingramcontent.com/pod-product-compliance
Lightning Source LLC
Chambersburg PA
CBHW050115210326
41519CB00015BA/3969